westermann

fit fürs abi EXPRESS

Politik und Wirtschaft

fit fürs **abi** EXPRESS

Politik und Wirtschaft

Autorin:
Susanne Schmidt, Fachleiterin für das Fach Wirtschaft und Recht an einem Gymnasium

westermann GRUPPE

www.westermanngruppe.de

Druck A[1] / Jahr 2019
Alle Drucke der Serie A sind im Unterricht parallel verwendbar.

Redaktion: imprint, Zusmarshausen; Lothar Reiserer
Kontakt: finale@westermanngruppe.de
Layout und Umschlaggestaltung: tiff.any, Berlin
Umschlagfoto: iStockphoto.com, Nikada
Druck und Bindung: westermann druck GmbH, Braunschweig

ISBN 978-3-7426-**0119**-3

SO FUNKTIONIERT'S

Fit fürs Abi Express Politik und Wirtschaft hilft Ihnen, alle prüfungsrelevanten Themen schnell und effektiv zu wiederholen. Sie finden hier einen **kompakten Überblick** des gesamten Abiturstoffs, mit dem Sie Ihre Wissenslücken rasch schließen können.

Schlagen Sie einfach diejenigen Themenbereiche nach, in denen Sie sich noch nicht ganz sattelfest fühlen. Es ist nicht nötig, das Buch von vorne nach hinten durchzuarbeiten. Jedes Kapitel steht für sich und behandelt einen anderen Fachbereich der Prüfung.

Das Buch enthält zahlreiche **Merkkästen** und **Abi-Tipps**, die Ihnen das Lösen der Prüfungsaufgaben erleichtern. Mithilfe der **Checklisten** am Ende jedes Kapitels können Sie Ihren eigenen Kenntnisstand überprüfen. Vor allem die im Text **fett gedruckten Begriffe** sollen Sie an die wichtigsten Schlagworte erinnern – gehen Sie sicher, dass Sie diese verstanden haben und gegebenenfalls auch ausführlicher erklären können. Dies ist insbesondere für eine mündliche Prüfung sehr wichtig.

Passend zum Buch gibt es eine **App mit interaktiven Multiple-Choice-Aufgaben**. Mit dieser App können Sie alle wichtigen Themen aus dem Buch aktiv und in motivierender Form trainieren. Sie erhalten die kostenlose App auf www.westermann.de/fit-fuers-abi-express.

Viel Erfolg für die Prüfung wünscht Ihnen
Susanne Schmidt

INHALTSVERZEICHNIS

Wirtschaft

POLITIK-GRUNDLAGEN

1

Definitionen – Funktionen – Modelle

DEFINITIONEN

- Politik ist die **Gestaltung der Ordnung** eines Gemeinwesens und Lenkung des individuellen Verhaltens seiner Mitglieder. (https:// wirtschaftslexikon.gabler.de/definition/politik-43947 – verändert).
- Politik ist die **„Staatskunst"**. Sie regelt das geordnete Zusammenleben der Bürgerinnen und Bürger. Alles, was mit Gestaltung und Einflussnahme in der Gesellschaft sowohl im persönlichen als auch im öffentlichen Bereich zu tun hat, ist Politik. (www.bpb.de/nachschlagen/lexika/das-junge-politik-lexikon/161506/politik – verändert)

Die politischen Theorien seit der Antike haben wesentlich Einfluss auf die Werte und Normen sowie auf die Gesellschaftsstrukturen der heutigen Zeit genommen.

Darstellungsmöglichkeiten für das Politische

Das Politische als Strukturmodell mit drei Dimensionen

→ inhaltlich-normative Dimension: Aufgaben und Ziele der Politik (z. B. Förderung der Mitbestimmung der Arbeitnehmer im Betrieb)

→ institutionell-formale Dimension: rechtlicher und kultureller Rahmen (z. B. Sozialstaatsprinzip)

→ prozessuale Dimension: Ablauf der Politik (z. B.: Proteste der Arbeitgeber gegen den Gesetzentwurf ⇒ Demonstration der Gewerkschaften für den Entwurf ⇒ hinhaltender Widerstand des Bundesministers für Wirtschaft ⇒ Mehrheiten im Bundestag und im Bundesrat für den modifizierten Entwurf: Gesetz verabschiedet.

Der Politikzyklus
- → Prozess der Problemverarbeitung vollzieht sich in mehreren Phasen
- → Problem ⇒ Auseinandersetzung ⇒ Entscheidung ⇒ Vollzug der Entscheidung ⇒ Bewertung ⇒ Reaktionen ⇒ neues Problem usw.

Grundfunktionen in der Gesellschaft

Grundfunktionen	
Wirtschaft (arbeitsteiliges Erzeugen von Gütern und Austausch am Markt)	Kultur (Normen, Werte, Haltungen, Erwartungen steuern das Zusammenleben)
Gesellschaft (dauerhafte Lebensgemeinschaften festigen Regeln, sichern Normen)	Politik (verbindliches Regelwerk, das das Zusammenleben steuert)

Modelle von Politik

1	**Verständigungsmodell:** ARISTOTELES (384–322 v. Chr.) versteht den Staat als Gemeinschaft von Gleichen (zeit- und kulturbedingt: nur freie Männer, keine Frauen, keine Sklaven, keine Zugereisten). Politik ist hier Verständigungshandeln unter Gleichen.
2	**Heilsmodell:** AURELIUS AUGUSTINUS (354–430 n. Chr.) – Politisches Handeln muss der göttlichen Gerechtigkeit dienen. Politik wird hier verstanden als notwendiger, aber immer unzureichender Beitrag zum Heil und zur Erlösung der Menschen.
3	**Machtmodell:** NICCOLÒ MACHIAVELLI (1469–1527) – Politik ist Machthandeln und als Summe wertfreier Techniken und Geschicklichkeiten zum Nutzen des Staates und seines Herrschers zu sehen.
4	**Informationsmodell:** KARL W. DEUTSCH (1917–1992) – Politisches Handeln als funktionaler Regulierungsvorgang ist auf die Aufnahme, Verarbeitung, Umsetzung und Weiterleitung von Informationen beschränkt. Macht weist sich in einem solchen System als Behinderung aus.

Das Politische

ZENTRALER BEGRIFFE

Das **Politische** ist das immer umkämpfte **Problemlösen**, das sich aus derreal gegebenen Differenz der Interessen, Meinungen und Werte ergibt.

Entfaltung des Politischen als Demokratie

Beteiligung am Politischen

- Politik umfasst das Umstrittene, das sich aus den Differenzen der Interessen, Meinungen und Werte der am politischen Prozess Beteiligten ergibt.
- Politik ist immer der Versuch einer Problemlösung.
- Jahrhunderte andauernder Ausschluss großer Teile der Bevölkerung an politischen Entscheidungsprozessen
- Suche nach Wegen zu einer angemessenen Beteiligung der Bevölkerung an der Politik
- Beteiligung der Gesellschaft ist Voraussetzung für einen lebendigen politischen Prozess.
- politische Prozesse der Jetztzeit sind immer auch Bestandteil eines globalen Prozesses

Grundfragen bei der Entfaltung der Demokratie

- Wer ist mit welchen Rechten an der Praxis der Verständigung über politische Differenzen beteiligt? Hier wird geklärt, welche Institutionen in der Demokratie welche Rechte haben.
- Wie wird die Demokratie organisiert? Hier unterscheidet man nach direkter oder repräsentativer Demokratie.
- Wie weit reicht der Geltungsanspruch der Demokratie? Handelt es sich um eine libertäre oder eine soziale Demokratie?
  Die libertäre Demokratie basiert vor allem auf politischen und bürgerlichen Grundrechten mit Fokus auf der individuellen Freiheit. Die soziale Demokratie sucht nach den Voraussetzungen, die gegeben sein müssen, damit die individuelle Freiheit gelebt werden kann. Sie basiert somit auch auf sozialen, wirtschaftlichen und kulturellen Rechten.

- Politische Energien brauchen Zeit, erkennbare Orte, Autonomie der Akteure.

Entpolitisierung

- Entpolitisierung meint, dass einzelne Gruppen nicht mehr an der politischen Willensbildung teilnehmen bzw. an dieser teilnehmen, ohne dass sie über fundierte Informationen verfügen.
- Kanon von Werten, Normen, Verfahren, die als verbindlich gelten, entziehen dem aktuell Politischen den Boden, weil sie nicht verhandelbar sind.
- alternativlose Lösungswege entpolitisieren (beispielweise fundamentalistisch-religiöse Statements)
- Wenn Fragen des Allgemeinwohls dem Markt überlassen werden, damit strittige Themen aus der Politik ausgeklammert werden, führt dies zur Entpolitisierung.

Dimensionen des Politischen

- inhaltlich-normative Dimension: umfasst Aufgaben und Ziele der Politik
- institutionell-formale Dimension: umfasst den rechtlichen und kulturellen Rahmen der Politik
- prozessuale Dimension: regelt den Konfliktablauf in der Demokratie

POLITIK-GRUNDLAGEN — Checkliste

→ Definieren Sie den Begriff „Politik“ auf mehrfache Weise.
→ Stellen Sie das Politische als dreidimensionales Strukturmodell dar.
→ Nennen Sie die Grundfunktionen in einer politischen Gesellschaft.
→ Vergleichen Sie verschiedene Politikmodelle.
→ Zeigen Sie Hemmnisse und Wege, die Bevölkerung am politischen Prozess zu beteiligen.
→ Welche Grundfragen sind bei der Entfaltung der Politik zur Demokratie zu beantworten?
→ Zeigen Sie Möglichkeiten der Entpolitisierung auf und diskutieren Sie die damit verbundenen Gefahren.

DEMOKRATIE

Grundgesetz und Grundrechte

Grundrechte

ZENTRALE BEGRIFFE

- **Demokratie** ist eine Staatsform, bei der das Staatsvolk der Träger der Staatsgewalt ist. Wahlen oder Abstimmungen ermöglichen die dazu nötige Partizipation der Staatsbürger. Basis der Demokratie in der Bundesrepublik Deutschland ist das am 23.5.1949 in Kraft getretene Grundgesetz.
- **Menschenrechte** sind Rechte, die über allem stehen, da sie dem Menschen von Anfang an mitgegeben sind. Sie stehen damit über jedem positiven Recht.
- **Grundrechte** sind Rechte, die den Einzelnen vor dem Staat schützen. Sie sind in die jeweilige Verfassung übernommene Menschenrechte.
- **Naturrecht** ist ein von Natur aus existierendes Recht unabhängig von Staatsformen und Religionen, das jedem zusteht (etwa das Recht auf Leben).
- **Positives Recht** ist geschriebenes Recht.
- **Bürgerrechte** sind Grundrechte, die nur den Staatsbürgern zustehen.
- **Jedermannrechte** sind Rechte, die allen Menschen im Geltungsbereich des Grundgesetzes zustehen.

Die Menschenwürde als Kern des Grundgesetzes

Zeittafel zum Grundgesetz

8.5.1945	„Bedingungslose Kapitulation“ Hitler-Deutschlands
5.6.1945	Verhaftung des Hitler-Nachfolgers Dönitz und der „Geschäftsführenden Reichsregierung“ – Ende deutscher Zentralgewalt
5.6.1945	Übernahme der „obersten Regierungsgewalt in Deutschland“ durch die vier Siegermächte
6./7.6.1947	Scheitern der einzigen gesamtdeutschen Konferenz der Ministerpräsidenten in München
20.4. – 2.6.1948	Londoner Sechs-Mächte-Konferenz: Vorbereitung der Gründung eines föderativen westdeutschen Staates durch Einberufung einer „verfassunggebenden Versammlung der westdeutschen Ministerpräsidenten“
1.7.1948	Übergabe der drei Frankfurter Dokumente durch die Militärgouverneure Clay, Robertson und Koenig an die westdeutschen Ministerpräsidenten: Einberufung einer verfassungsgebenden Versammlung, Prüfung der Ländergrenzen; Leitsätze für die Beziehungen zwischen den drei Besatzungsmächten (USA, GB, F) und einer westdeutschen Regierung
8. – 10.7.1948	Ministerpräsidenten-Treffen in Koblenz: widerstrebende Verständigung auf ein „Grundgesetz“
21./22.7.1948	Ministerpräsidenten-Treffen in Rüdesheim: Verständigung auf ein Provisorium als „Kernstaat“
10. – 23.8.1948	Schloss Herrenchiemsee: Vorbereitender Verfassungskonvent der von den Landesregierungen berufenen Sachverständigen für ein Grundgesetz für einen „Bund deutscher Länder“
1.9.1948	Zusammentritt von 65 Abgeordneten aus den elf westdeutschen Landtagen zum Parlamentarischen Rat – Arbeit am Grundgesetz
8.5.1949	Annahme des Grundgesetzes im Parlamentarischen Rat (53:12)
12.5.1949	Grundgesetz-Genehmigung durch USA, GB, F
23.5. – 20.6.1949	Scheitern der letzten Konferenz des Rates der Außenminister in Paris am Deutschland-Dissens
23.5.1949	Verkündung des Grundgesetzes, dem zehn von elf Landtagen in Westdeutschland (außer Bayern) zugestimmt haben

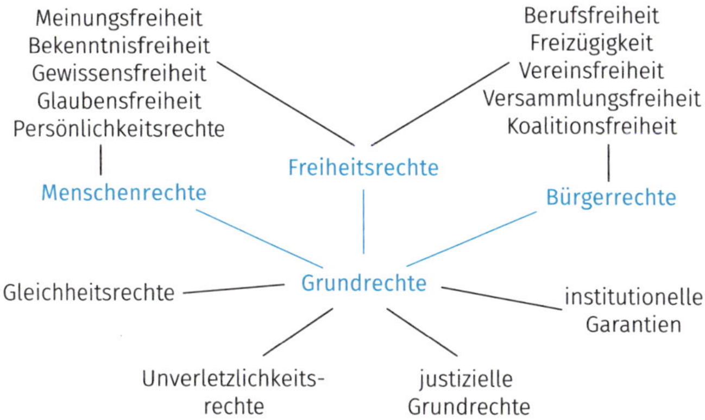

Die Rechte des Menschen

Grundrechtsschranken

Schranken, die einem Grundrecht innewohnen …

→ ergeben sich, wenn das Grundrecht einer anderen Person berührt wird.

Verfassungsrechtliche Schranken …

→ ergeben sich, wenn das Grundrecht innerhalb des Grundgesetzes bereits eine Einschränkung erfährt (Art. 8 Abs. 1 GG Versammlungsfreiheit wird in Art 8 Abs. 2 eingeschränkt).

Vorbehalt durch Gesetze

→ Einzelne Grundrechte können per Gesetz beschränkt werden (Art 12 „Freiheit der Berufswahl" wird gesetzlich durch Zugangsvoraussetzung zu bestimmten Berufsbildern reglementiert).

Qualifizierter Gesetzesvorbehalt

→ Meinungsfreiheit gem. Art. 5 Abs. 2 kann durch ein Gesetz zum Schutz der Privatsphäre beschränkt werden.

Direkt formulierte Eingriffsermächtigung

→ Einzelne Grundrechte können durch die im Grundrecht benannten Instanzen beschränkt werden (beispielsweise Art 13 Abs. 1 Unverletzlichkeit der Wohnung kann laut Abs. 2 per richterlichen Beschluss ausgehoben werden.

Staat, Staatsorgane, Gewaltenteilung und Gesetzgebung

Staat

1	Staat beansprucht ein Territorium, hat das Gewaltmonopol inne und basiert auf einem auf Legitimität gestütztes Herrschaftsverhältnis.
2	Objektive Kriterien von Staaten sind: Staatsgebiet, -volk, -gewalt und Anerkennung durch die Weltgemeinschaft.
3	Ein Staat hat die völkerrechtliche Souveränität innerhalb eines Territoriums.
4	Funktionierende Staaten bilden Institutionen und beauftragen Personen, die mit der Ausübung allgemein verbindlicher Steuerungs-, Regulierungs- und Koordinationsfunktionen betraut werden.
5	Staaten können verschiedene Machtstrukturen entwickeln • Monarchie (Alleinherrschaft Monarch) • Diktatur (Alleinherrschaft Diktator) • Republik (Volksherrschaft)

Staatsorgane

Bundespräsident (Art 54 – 61 GG)

- höchstes Amt
- Wahl durch die Bundesversammlung auf 5 Jahre, höchstens 2 Amtszeiten (Die Bundesversammlung setzt sich zusammen aus allen Abgeordneten des Bundestages sowie ebenso viele weitere Personen, die von den Parlamenten der Bundesländer bestimmt werden.)
- Aufgaben
  - → Vertretung des Bundes, Repräsentant des Staates
  - → prüft, unterzeichnet, verkündet Bundesgesetze
  - → erklärt ggf. den Gesetzgebungsnotstand, kann den Bundestag auflösen
  - → schlägt Bundeskanzler vor, ernennt und entlässt ihn
  - → ernennt und entlässt Bundesminister, Bundesrichter, Bundesbeamte, Offiziere
  - → hat das Begnadigungsrecht

Bundesregierung mit Bundeskanzler (Art 62 – 69 GG)

- Bundeskanzler und -minister
- Aufgaben Bundeskanzler
  - → Bestimmung Richtlinien der Regierungspolitik
  - → Entscheidung über Stellvertreter
  - → Leitung Regierungsgeschäfte
- Aufgaben der Bundesregierung
  - → Durchführung der Politik
  - → Vorlage von Gesetzesentwürfen
  - → Überwachung Bundesgesetze
  - → Einrichtung Bundesbehörden
  - → Koordinierung Tätigkeiten der Bundesminister
  - → Entwurf Haushaltsplan

Bundestag (Art. 38 – 48 GG)

- Abgeordnete werden in allgemeiner, unmittelbarer, freier, gleicher, geheimer Wahl gewählt.
- Aufgaben
  - → legislative Gewalt
  - → Kontrolle der Regierung
  - → Wahl des Bundeskanzlers

Bundesrat (Art. 50 – 53 GG)

- Mitglieder der Länderregierungen
- pro Bundesland je nach Größe min. 3, max. 6 Stimmen
- Aufgaben
  - → Mitwirkung bei der Gesetzgebung
  - → Initiativrecht bei der Gesetzgebung

Bundesverfassungsgericht (Art. 92 – 100 GG)

- Bundesrichter, je zur Hälfte vom Bundestag und Bundesrat gewählt
- Aufgaben
  - → über Einhaltung des Grundgesetzes wachen
  - → Normenkontrollen bei einem Streit zwischen den Staatsorganen

Gesetzgebungsverfahren

Parlamentarische Demokratie als Verbund der Staatsorgane: Gesetzgebungsverfahren (Artikel 70 – 82 GG)

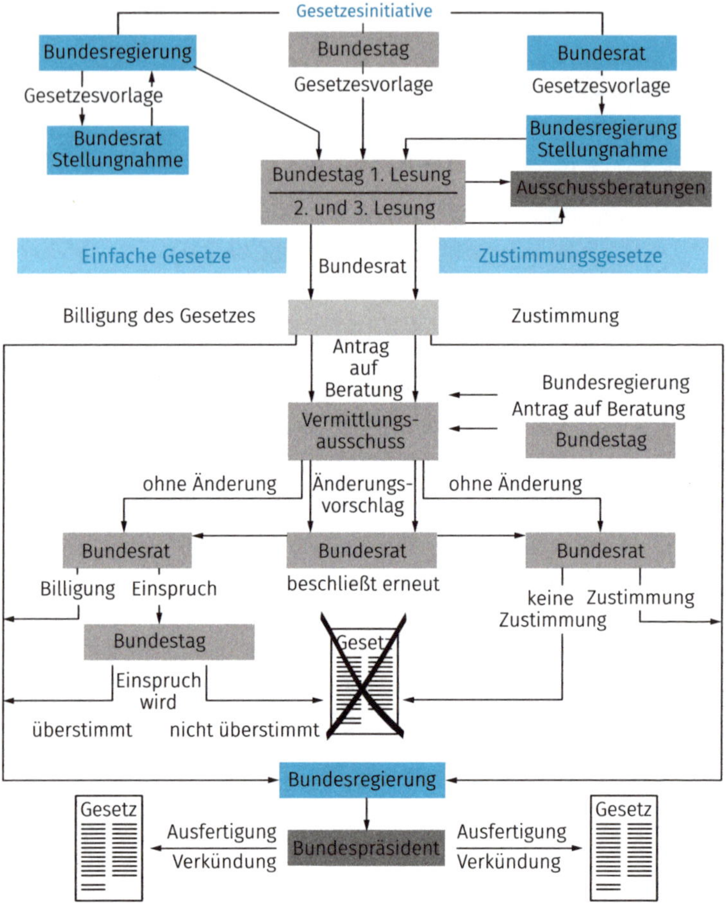

Verfassungsändernde Gesetze erfordern eine 2/3-Mehrheit im Bundestag und im Bundesrat.

Gesetzgebungsverfahren

Strukturmodelle für den politischen Prozess

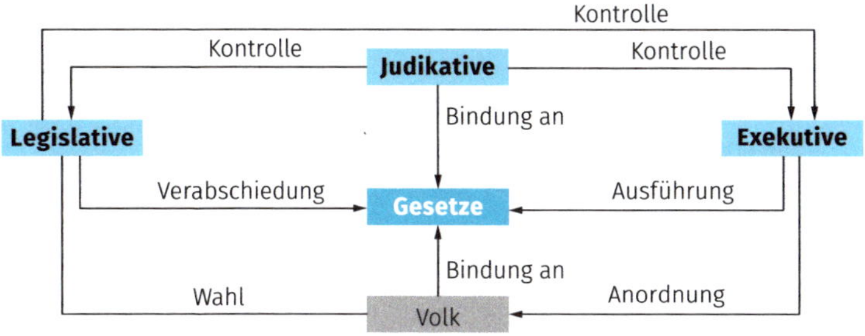

Gewaltenteilung

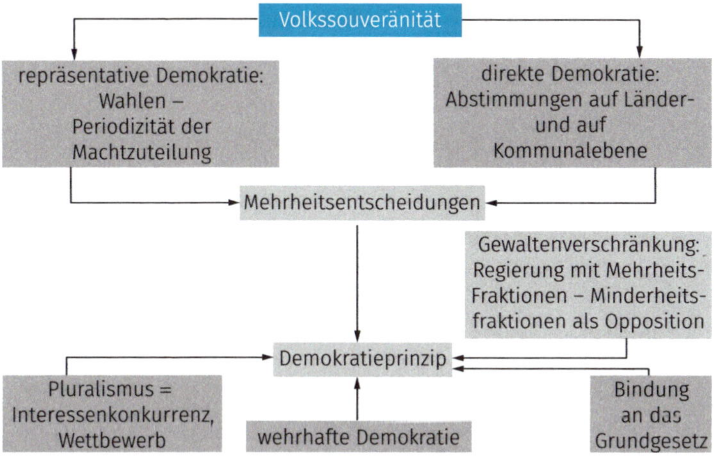

Demokratieprinzip

Das **Demokratieprinzip** lässt sich aus Artikel 20 Grundgesetz ableiten, der besagt, dass die Bundesrepublik Deutschland ein demokratischer und sozialer Bundesstaat ist.

Volkssouveränität ist ein grundlegendes demokratisches Prinzip, das besagt, dass alle Staatsgewalt vom Volke ausgeht.

Politik als Prozess: Parteien, Verbände, Initiativen, Medien

1	**Parteien** grundgesetzlich geschützte (Art 21 GG) Gruppierungen mit gemeinsamen sozialen Interessen, politischen Vorstellungen, mit dem Ziel die eigenen Ideen durchzusetzen und dem Streben nach Ämtern und Macht
2	**Verbände** freie Zusammenschlüsse in Form von Vereinen, Vereinigungen, Interessentengruppen ..., die Einfluss auf das politische Geschehen ausüben, ohne nach politischen Ämtern zu streben. Die Bildung von Verbänden ist gem. Art. 9 GG grundgesetzlich geschützt.
3	**Nichtregierungsorganisationen (NGOs – Non Governmental Organizations)** NGOs decken eine große Bandbreite wirtschaftlicher, rechtlicher, humanitärer, ökologischer Themengebiete ab und können grenzüberschreitend agieren. Beispiel: Amnesty International
4	**Duales Fernsehsystem** Öffentlich-rechtliche Sender und Privatsender übernehmen zunehmend Vermittlungsaufgaben zwischen Bürgern und Politikern.
5	**Internet** mit Blogs, Foren, Chats hat wesentlichen Einfluss auf die private und öffentliche Kommunikation und schafft unter anderem eine Plattform. Stichworte: *crowd funding*, *fake news*, Hackerangriffe, globale politische Störungen

Sonderstellung der Parteien

1	**Rekrutierungsfunktion** Sie rekrutieren, trainieren und stellen das Personal für die Parlamente und für die Regierung.
2	**Programmfunktion** Sie entwickeln Ziele und Konzepte, berücksichtigen dabei auch andere als ihre eigenen Konzepte und führen dies in Programmen zusammen.
3	**Meinungsbildungsfunktion** Sie beeinflussen die öffentliche Meinung sowie die Meinungs- und Willensbildung.
4	**Vermittlungsfunktion** Sie vermitteln zwischen Gesellschaft und Staat, indem sie gesellschaftliches Wollen in staatliches Wollen transformieren.

5	Sie agieren unter anderem im Bundestag und den Länderparlamenten, in Bundes- und Länderregierungen.

Kritik an den Parteien	
Leistung der Parteien zu gering	Qualität des Personals zu schlecht
Selbstbedienungsmentalität des politischen Personals	Innerparteiliche Demokratie fragwürdig. Spitzenpolitiker entscheiden.
Das Finanzgebaren der Parteien führt immer wieder zu Regelverletzungen.	Programmatische Entscheidung ist zweitrangig.
Die Monopolisierung des politischen Prozesses führt zu Blockaden.	Eine Zukunftsorientierung fehlt. Kurzfristige Perspektive (etwa nächste Wahl) überwiegt.

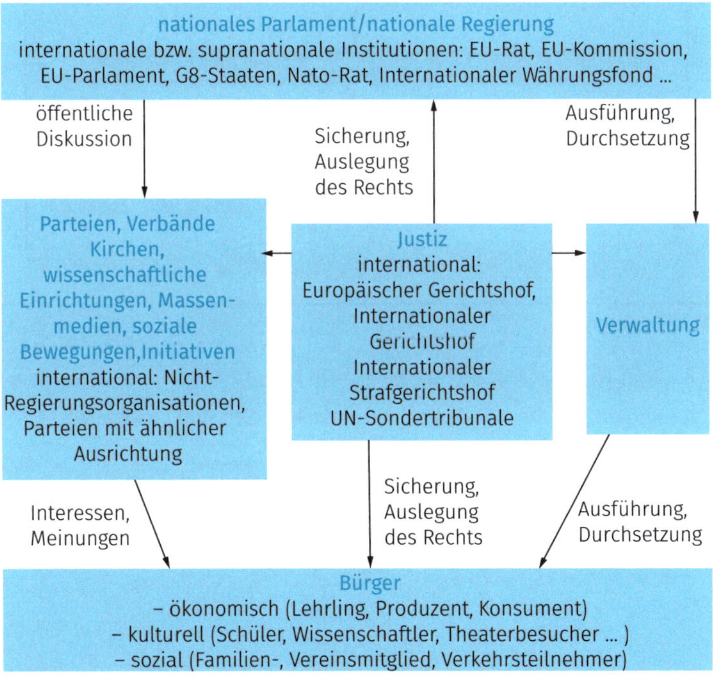

nach: Peter Massing, Politisches System, politische Willensbildung, Innenpolitik; in: Lernfeld Politik, hrsg. von der Bundeszentrale für politische Bildung, Bonn, 1992 – verändert
Staatliches/überstaatliches System

Medien

Politische Aufgaben der Medien

- Herstellen von Öffentlichkeit
- Sicherung objektiver Berichterstattung
- Förderung politischer Sozialisation
- Bildung und Unterhaltung des Publikums
- Artikulation begründeter und wertender Meinungen
- Ausübung von Kontrolle durch investigativen Journalismus und seriöse Kritik
- dauerhafte Herstellung von publizistischer Vielfalt

Die Bedeutung des Mediensystems

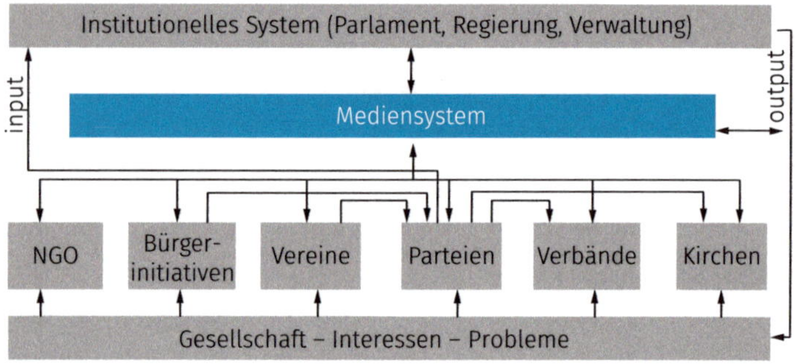

Mediensystem

Deutungsvarianten Verhältnis Medien zu Politik	
Autonomietheorie	Politik und Massenmedien sind unabhängig voneinander.
Dependenztheorie	Abhängigkeit des einen vom anderen
Interdependenz-theorie	wechselseitige Abhängigkeiten

<table>
<tr><th colspan="3">Leaks im Kommunikationsbereich</th></tr>
<tr><td colspan="3">Leaks sind
• zielgerichtete Enthüllungen von vertraulicher Information;
• oft übermittelt an Journalisten.
• Meist stammen die Informationen von Insidern. Diese werden oft als Whistleblower bezeichnet.
Beispiel: Chelsea Elizabeth Manning spielte Videos und andere Dokumente WikiLeaks zu, zu denen sie Zugang als IT-Spezialistin bei den US-Streitkräften hatte. Ursprünglich hatte sie die Daten der Washington Post oder der New York Times übergeben wollen. Erst als dies nicht gelang, wandte sich sich an WikiLeaks.</td></tr>
<tr><td>WikiLeaks</td><td>Offshore-Leaks</td><td>NSA-Leaks</td></tr>
<tr><td>Webseite mit dem Ziel unethisches Verhalten in Regierungen/Unternehmen aufzudecken</td><td>unternehmensinterne Datenbestände im Zusammenhang mit Briefkastenfirmen</td><td>Veröffentlichung streng geheimer NSA-Unterlagen</td></tr>
</table>

Einfluss von Verbänden

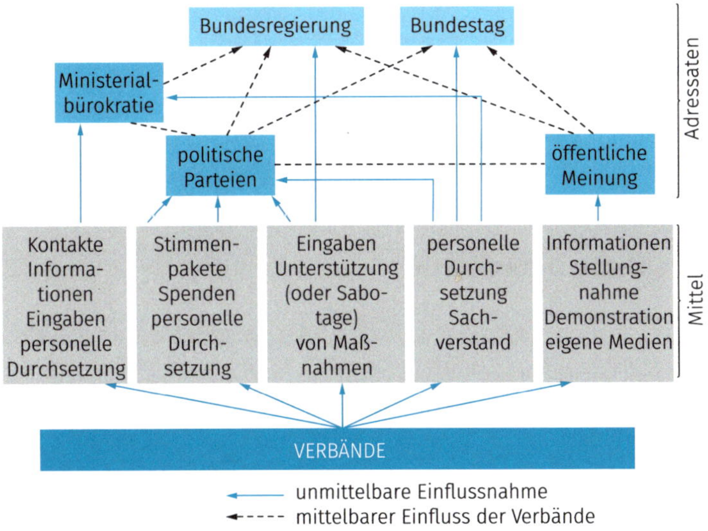

nach: Wolfgang Rudzio, Die organisierte Demokratie, Opladen, 2003
Verbandseinfluss

Freiheitlich demokratische Grundordnung

Verfassungsprinzipien

- Die freiheitlich-demokratische Grundordnung des Grundgesetzes basiert auf dem Grundgedanken einer rechtsstaatliche Herrschaftsordnung auf der Grundlage der Selbstbestimmung des Volkes
- Ausschluss jeglicher Willkür- und Gewaltherrschaft
- Grundrechte
- Volkssouveränität
- Gewaltenteilung
- Verantwortlichkeit der Regierung
- Gesetzmäßigkeit der Verwaltung
- Unabhängigkeit der Gerichte
- Mehrparteiensystem
- Chancengleichheit für alle politischen Parteien

Sicherung der freiheitlich demokratischen Grundordnung

- gleiche Grund- und Menschenrechte
- gleiche Staatsbürgerrechte
- Teilung der Staatsgewalt in Exekutive, Legislative, Judikative

Streitbare Demokratie

Verteidigung der Demokratie

- Ewigkeitsgebot (Art. 79 Abs. 3 GG)
- Verbot, den Wesensgehalt von Grundrechten anzutasten (Art 19 Abs 2 GG)
- Recht zur Klage für jedermann (Art 93 Abs 1 GG)
- das Feststellen des Verwirkens von Grundrechten, die zum Kampf gegen das GG missbraucht werden (Art 18 GG)
- Möglichkeit des Parteien- und Vereinigungsverbot grundgesetzfeindlicher Parteien (Art 9 Abs. 2 GG)

Prinzipien der Demokratie

Rechtsstaatsprinzip

- im Grundgesetz nicht explizit erwähnt, aber aus verschiedenen Artikel ableitbar (z.B. Art. 20 III GG)
- Der Einzelne soll vor dem unberechtigten Zugriff des Staates geschützt werden, ebenso vor dem Zugriff von Gruppen auf eine Person. Gemäß Art 2 wird dem Einzelnen die Freiheit auf Entfaltung seiner Persönlichkeit garantiert.
- Rechtsprechung und Staatsgewalt sind an Recht und Gesetz gebunden.
- Primat der Unabhängigkeit der Gerichte
- Gleichheit vor dem Gesetz
- Gewaltenteilung
- Gebot der Verhältnismäßigkeit staatlicher Eingriffe
- Rechtsgleichheit (Art. 3 I und Art. 19 I GG)
- Rückwirkungsverbot (Art. 103 GG)

Sozialstaatsprinzip

- basiert auf den Grundwerten
- Sozialversicherungen als Zwangsversicherung, Fürsorgeanspruch der Bürger, Prinzip der Daseinsvorsorge
- Soziale Grundrechte sind im Grundgesetz nicht enthalten, jedoch verpflichtet das Grundgesetz zur Herstellung gleichwertiger Lebensverhältnisse im Bundesgebiet (Art. 72 II GG).

Bundesstaatsprinzip

- vertikale Gewaltenteilung Bund / Bundesländer
- Beteiligung des Bundesrates an der Gesetzgebung des Bundes
- Das Prinzip der Bundesstaatlichkeit wurde durch die Wiedereingliederung des Saarlandes (1.1.1957) und den Beitritt der Bundesländer, die sich aus der sich auflösenden DDR ergaben, nicht im Grundsatz berührt.

Wahlen

Kennzeichen demokratischer Wahlen

- Freiheit der Wahlwerbung; Wettbewerbscharakter durch mehrere Wahlvorschläge
- Kandidatenkonkurrenz
- Chancengleichheit in der Wahlwerbung des Wahlkampfes
- Wahlfreiheit (geheime Stimmabgabe, geheime Wahl)
- faires Stimmenverrechnungsverfahren
- Entscheidung auf Zeit

Funktionen demokratischer Wahlen

- Legitimation der Regierenden für ihr politisches Handeln
- Wählerschaft wird mobilisiert, sich mit politischen Fragen auseinanderzusetzen.
- Konkurrenz unterschiedlicher politischer Richtungen
- Schaffen eines politischen Bewusstseins in der Bevölkerung
- Kontrollorgan für Regierende

Mehrheitswahlrecht versus Verhältniswahlrecht – ein Vergleich

ZENTRALE BEGRIFFE

Bei der **Mehrheitswahl** wird das Wahlgebiet in so viele Wahlkreise eingeteilt, wie es Plätze im Parlament gibt. Gewählt ist derjenige im Wahlkreis, der die Mehrheit der Stimmen auf sich vereint (absolut oder relativ).

Bei der **Verhältniswahl** werden die Sitze im Parlament prozentual zu den angegebenen Stimmen verteilt.

Vergleich der Wahlsysteme	
Vorteile Mehrheitswahl	**Vorteile Verhältniswahl**
Parteiensplitterung wird verhindert.	Jede Stimme hat den gleichen Wert.
Die politische Mitte setzt sich eher durch.	Das Wahlergebnis spiegelt das Wahlverhalten der Wähler wider.
Klare Mehrheiten entstehen.	verhindert Streit um Wahlkreiseinteilung
Aus kleinen Stimmenmehrheiten können sich große Parlamentsmehrheiten ergeben.	Experten können als Kandidaten abgesichert werden, wenn sie oben auf der Wahlliste stehen.
Machtwechsel wird erleichtert.	Neue Parteien haben eine Chance.
Die Direktwahl fördert die Unabhängigkeit des Abgeordneten.	Erschwert den Erfolg extremer politische Richtungen.

Wahlrechtsgrundsätze

- allgemein
- gleich
- unmittelbar
- frei
- geheim

Bundestagswahl

Personalisiertes Verhältniswahlrecht

- Jeder Wähler hat eine Erst- und eine Zweitstimme; die Erststimme wählt den Abgeordneten im Wahlkreis, die Zweitstimme wählt von der Landesliste einer Partei.
- Die Hälfte der Abgeordneten setzt sich aus den per Erststimme gewählten Kandidaten zusammen.
- Die Anzahl der Sitze im Parlament wird durch die Zweitstimmen ermittelt (33 % der Stimmen berechtigt zu 33 % der gesamten Parlamentssitze).
- Sainte-Laguë/Schepers – Dieses Verfahren rechnet Wählerstimmen in Mandate um.
  Näheres dazu auf der nächsten Seite.

ZENTRALE BEGRIFFE

Sainte-Laguë/Schepers-Verfahren

- Einteilung in 299 Wahlkreise
- 5%-Klausel, d.h. eine Partei braucht mind. 5% der abgegebenen Stimmen.
- In den Bundesländern treten die Parteien in Landeslisten auf.
- Zuteilung der Sitze bundeslandweise nach Sitzzuteilungsverfahren
- Basis für die Anzahl der Sitze ist die Bevölkerungszahl
- Sitzvergabe, ggf. Überhangmandate erfolgt auf Bundesländerebene
- Zunächst Vergabe v. 598 Sitzen
- Gibt es Überhangmandate, wird die Zahl der Sitze im Bundestag so weit erhöht, dass der Parteienproporz wieder hergestellt ist.
- Abschließend werden Ausgleichsmandate über die Landeslisten der Bundesländer zugeteilt.
- Bundestag 2017 46 Überhangmandate, 65 Ausgleichsmandate, 709 Sitze insgesamt.

Überhangmandate entstehen, wenn eine Partei bei der Wahl mehr Direktmandate über die Erststimme bekommt, als ihr prozentual als Zweitstimme zustünden.
Ausgleichsmandate sind die Sitze im Parlament, die eingerichtet werden, sodass die Überhangmandate für eine Partei keinen relativen Vorteil mehr bedeuten.

Besonderheiten bei Kommunalwahlen

Besondere Wahlrechte

- Verschiedene Bundesländer lassen besondere Wahlverfahren zu.
  - → Kumulieren:
    Der Wähler kann mehrere Stimmen an einen Kandidaten vergeben.
  - → Panaschieren:
    Der Wähler kann die Stimme(n) einzelnen Kandidaten einer Liste geben.

Grabensystem – ein alternatives Wahlrecht

Grabensystem

- Die beiden Hälften des Bundestages würden nach verschiedenen Wahlsystemen beschickt (299 Direktmandate und 299 Abgeordnete nach Verhältniswahlrecht).
- Vorteile:
  - konstante Abgeordnetenzahl
  - keine Überhangmandate
  - Beibehaltung der Stimmkreise, Stimmzettelgestaltung, 5 %-Sperrklausel, des Prinzips der Erst- und Zweitstimme
  - Schlichtheit und Transparenz der Besetzung des Bundestages

Abi Tipp

WAHLEN – WICHTIGES THEMA

Sie sollten – in katalogartiger Auflistung – die Kennzeichen und Funktionen demokratischer Wahlen wiedergeben können, ebenso etliche Vor- und Nachteile des Mehrheits- und des Verhältniswahlrechts.
Das in Deutschland geltende „personalisierte Verhältniswahlrecht" und zugehörige Auszählverfahren als Variante des Verhältniswahlrechts sollten Sie erklären und hinsichtlich der politischen Wirkungen erläutern können.
Interessant können in diesem Zusammenhang auch Wahlsysteme und -realitäten in anderen Ländern sein. Das schärft das Bewusstsein für die Eigenheiten, die Vor- und Nachteile unterschiedlicher Wahlsysteme. Recherchieren Sie beispielsweise zur britischen Parlamentswahl oder zu Wahlen in Frankreich und den USA.

Demokratietheorien

ZENTRALE BEGRIFFE

Volkssouveränität meint, dass das Volk Träger aller Staatsgewalt ist.

Klassische Theorie nach Rousseau

- Bürger sind frei und gleich.
- Das Volk ist der Souverän.

→ Volk beschließt die Gesetze selbst.

→ Regierende = Regierte

→ Die Verantwortung liegt beim Volk und wird nicht an repräsentative Volksvertreter abgetreten.

- Diese Form der Selbstbestimmung ist nach Rousseau jedoch nur in kleinen Staatseinheiten möglich. In großen Staaten ist die Übertragung der Macht an Volksvertreter unumgänglich.

Theorie nach Montesquieu

- Sitten, Klima, geografische Lage, Religion sind Faktoren, die auf die Staatsform Einfluss nehmen. Deshalb gibt es nicht die „eine ideale Staatsform".
- Das Naturrecht muss Basis der Staatsordnung sein. Das Naturrecht basiert auf dem Gedanken, dass alle Menschen frei und gleich geboren werden. Sie sind mit Vernunft ausgestattet, die dem Menschen von Natur aus verschiedene Rechte zubilligt (z.B. Recht auf Leben und Freiheit).
- Prinzip der Gewaltenteilung

→ Legislative, Exekutive, Judikative

→ Die Gewaltenteilung ermöglicht die Teilnahme verschiedener Gruppen am politischen Prozess und schafft eine Organisationsstruktur, die Missbrauch von Macht eindämmt.

→ Das Volk wird durch gewählte Volksvertreter regiert.

Demokratie der Zukunft: Ideen zur Stärkung der Zivilgesellschaft

- Verbesserung der politischen Bildung
- Einführung Wahlpflicht
- Einführung Kinder-/Familienwahlrecht
- Einführung plebiszitärer Elemente in der Verfassung (Volksinitiative, Volksbegehren, Volksbefragung, Referendum, ...)
- zeitliche Begrenzung für Amtsinhaber
- Umbau des Bundesrates zu einer echten zweiten Kammer neben dem Bundestag

DEMOKRATIE — Checkliste

- Klären Sie den Begriff „Demokratie" und grenzen Sie die Rechtsbegriffe „Menschenrechte", „Grundrechte", Naturrecht" und „positives Recht gegeneinander ab.
- Nennen Sie verschiedene Grundrechte und zeigen Sie Schranken verschiedener Grundrechte auf.
- Klären Sie den Begriff „Staat".
- Nennen Sie die verschiedenen Staatsorgane und zeigen Sie deren jeweiligen Aufgaben.
- Erklären Sie den Begriff Partei und zeigen Sie die besondere Stellung der Parteien in der Bundesrepublik Deutschland.
- Üben Sie Kritik am Parteiensystem.
- Nennen Sie die politischen Aufgaben, die den Medien zuteil wird.
- Welche Beziehung besteht zwischen den Medien und Parteien?
- Nennen Sie die verschiedenen Verfassungsprinzipien.
- Zeigen Sie, dass sich die Demokratie gegen Angriffe verteidigen kann.
- Erklären Sie die Prinzipien der Demokratie.
- Nennen Sie die Kennzeichen demokratischer Wahlen.
- Vergleichen Sie das Mehrheitswahlrecht und das Verhältniswahlrecht miteinander.
- Zeigen Sie, welches Wahlrecht für Bundestagswahlen gilt. Machen Sie sich auch mit wesentlichen Fachbegriffen vertraut (Mehrheits-, Verhältniswahl, Ausgleichsmandate, Überhangmandate).
- Vergleichen Sie die Ansätze von Rousseau und Montesquieu.
- Diskutieren Sie die Ideen zur Stärkung der Zivilgesellschaft im demokratischen System.

3

GESELLSCHAFT UND SOZIALER WANDEL

Modernisierung und Individualisierung sowie Wandel der Gesellschaft

Modernisierung der Gesellschaft

ZENTRALE BEGRIFFE

„Eine **Gesellschaft** bezeichnet das geordnete und bewusst organisierte Zusammenleben und -handeln der Menschen. Unterschieden werden Gesellschaften z. B. nach vorherrschender Erwerbsform (z. B. Industriegesellschaft), nach Stand der technischen Entwicklung (Wissensgesellschaft), Sozialstruktur (Klassengesellschaft) oder politischem System (demokratische Gesellschaft). Stabil und produktiv ist eine Gesellschaft, wenn ihre Mitglieder hinsichtlich der Grundwerte übereinstimmen und ein hoher Grad an *sozialer Integration* besteht."

Quelle: www.wissen.de/lexikon/gesellschaft-soziologie – verändert (Aufruf am 5.3.2019); Konradin Medien GmbH

Modernisierung der Gesellschaft als Kombination aus ...

- Differenzierung
  - → Entwicklung zur arbeitsteiligen Gesellschaft
  - → Abhängigkeiten wachsen
- Rationalisierung
  - → Individuen und Gruppen versuchen eigene Zielvorstellungen umzusetzen
  - → Schaffen einer pluralisierten Gesellschaft
- Individualisierung
  - → Bedeutungsgewinn des Einzelnen
- Domestizierung
  - → Überwindung sozialer, natürlicher, biologischer Grenzen
  - → Schaffen neuer Abhängigkeiten

Wandel der Gesellschaft

Gesellschaftsordnung	
funktioniert	**funktioniert nicht**
Ansprüche der Gesellschaft steigen	Gesellschaft strebt nach Wandel

Soziale Ungleichheit

- bezeichnet die ungleiche Verteilung von Ressourcen (Einkommen, Vermögen, Macht, Prestige, Bildung, ...)
- ist Grundbestand der menschlichen Existenz
- ist auf verschiedene Faktoren zurückzuführen
  - → materielle Lebensbedingungen (z. B. unterschiedliche Entwicklungen in der BRD und DDR)
  - → Ungleichheit zwischen Männern und Frauen (z. B. bezüglich der Höhe der Arbeitseinkommen)
  - → Migration (mitunter fehlende Schulabschlüsse, zu geringe Qualifikation, schlechte Sprachkenntnisse)
  - → Bildungschancen (hängen in Deutschland wesentlich an der sozialen Schicht)
- wird erst zum Problem, wenn sie als ungerecht empfunden wird

Gesellschaftsanalyse

Modelle		
mathematisch-quantifizierbare Modelle	**qualitativ konstruierte Modelle**	**Simulationsmodelle**
Beschreibung mittels einfacher Gleichungen	verschiedene Variablen werden registriert und im Modell bewertet	Berechnen auf der Grundlage empirischer Daten

Modelle der Politikerberatung

- dezisionistisches Modell
  - → Berater stellt Informationen zur Verfügung, Politiker entscheidet
- technokratisches Modell
  - → Sachverstand des Beraters ist Basis für die Entscheidung des Politikers
- pragmatisches Modell
  - → wechselseitige Beeinflussung von Berater und Politiker

Deutung der Sozialstruktur

Gesellschaftsmodelle

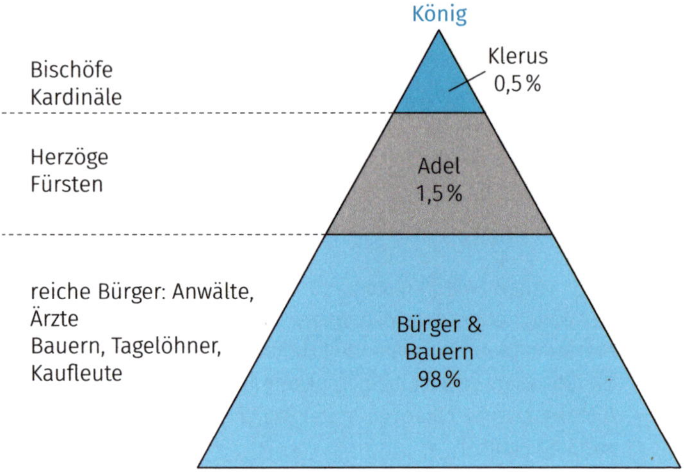

Ständegesellschaft

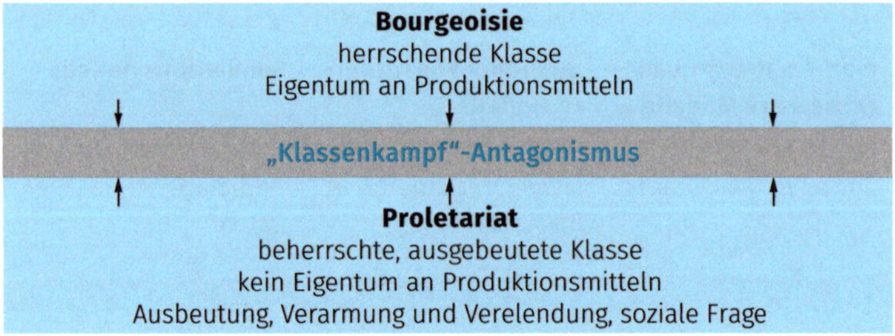

Das Zwei-Klassen-Modell von MARX und ENGELS

Eingeschmolzene Klassengesellschaft

Gesellschaft mit sozialer Schichtung
- → 1 % Kapitalisten
- → Mittelstand (aus kleinen und mittleren Unternehmen)
- → neuer Mittelstand (höher qualifizierte Lohn- und Gehaltsbezieher)
- → Proletaroide (Tagwerker auf eigene Rechnung)
- → Proletariat (minder qualifizierte Einkommensbezieher)

Nivellierte Mittelstandsgesellschaft

Gesellschaft mit aufweichender sozialer Schichtung
- → sich verbessernde Lebensumstände
- → Bismarcks Sozialgesetzgebung
- → kollektive Aufstiegsprozesse der Industriearbeiter und Abstiegsprozesse des Besitz- und Bildungsbürgertums
- → Es ergibt sich eine nivellierte Gesellschaft.

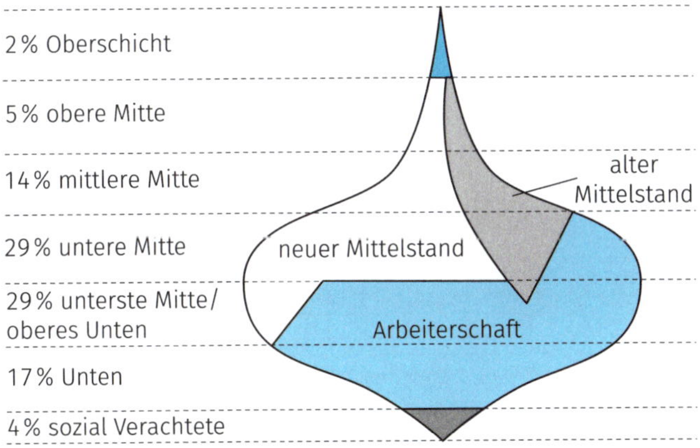

Die „BOLTE-Zwiebel“; Westdeutschland, 1960er- bis 1980er-Jahre

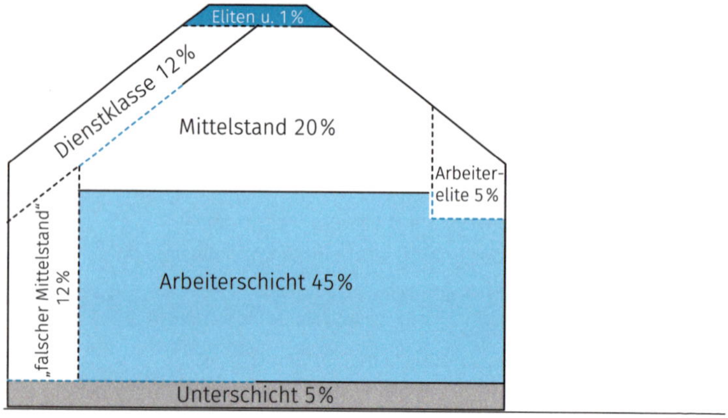

Das „DAHRENDORF-Haus"
Deutschland, 1960er-Jahre

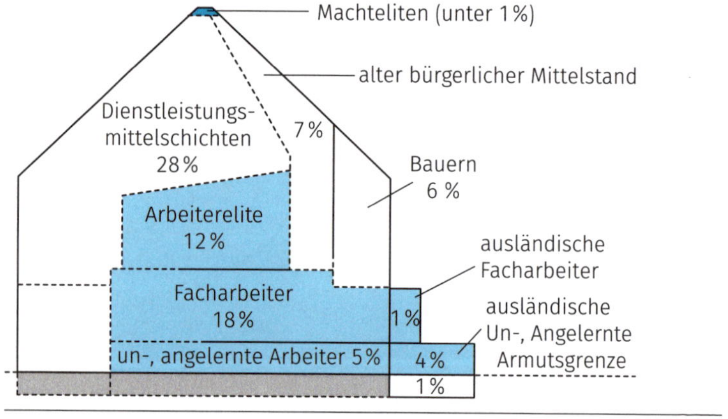

Das „variierte Dahrendorf-Haus"; Westdeutschland, 1980er-Jahre

Abi Tipp

ALTERNATIVE GESELLSCHAFTSMODELLE

Die hier vorgestellten Gesellschaftsmodelle basieren vor allem auf den Kriterien: Einkommen, Bildungsgrad und Beruf. Alternative Modelle berücksichtigen dazu Werthaltungen, Mentalitäten und Aspekte der Lebensführung. Die Einteilung erfolgt dann nicht nach Klassen oder Schichten, sondern nach sogenannten Milieus. Recherchieren Sie im Internet dazu jeweils aktuell die Stichworte: *Sinus Milieus* und *Millieumodell nach Gerhard Schulze*.

Soziale Sicherung im Sozialstaat

Bausteine der Sozialpolitik

- Sozialversicherungen (Kranken-, Pflege-, Renten-, Arbeitslosen-, Unfallversicherung)
- soziale Dienste (Behindertenhilfe, Kinder- und Jugendhilfe)
- Transferzahlungen (Kindergeld, Wohngeld, Elterngeld, ...)
- Arbeitslosengeld II, Sozialhilfe, Hilfe zum Lebensunterhalt, Hilfe in besonderen Lebenslagen
- Arbeitsrecht, Tarifrecht, Betriebsverfassungsrecht, Kündigungsschutz, Jugendarbeitsschutz, Mutterschutz
- Zuschüsse zur Finanzierung z. B. der Rentenversicherung, Arbeitslosenversicherung, Familienausgleich, Entgeltfortzahlung im Krankheitsfall, Sozialhilfe
- Sondersystem für bestimmte Berufsgruppe (Beamtenversorgung, Altershilfe für Landwirte, ...)

Prinzipien der sozialen Sicherung

1	**Versicherungs- und Solidaritätsprinzip** Betrifft Beitragszahler der Sozialversicherungen (Gesunde zahlen für Kranke, Junge für Alte, Arbeitende für Arbeitslose). Geld wird in Kapitalsammelstellen eingelegt. Im Versicherungsfall werden Leistungen aus dieser Sammelstelle finanziert.
2	**Versorgungsprinzip** Betrifft Gruppen, die bestimmte Leistungen/Opfer für den Staat erbracht haben (Beamte, Kriegsteilnehmer). Die Vorleistungen, die für die Gesellschaft erbracht wurde, berechtigt zur Versorgung durch den Staat.
3	**Fürsorgeprinzip** Fürsorge für hilfebedürftige Personen (Mietbeihilfen, Arbeitslosengeld II). Fürsorgeleistungen sind an bestimmte Formen der Bedürftigkeit gebunden.
4	**Subsidiaritätsprinzip** Öffentliche Hilfe erst, wenn private Hilfe nicht möglich ist. Die Hilfe soll immer von der kleinstmöglichen zuständigen Einheit erbracht werden.

ZENTRALER BEGRIFF

Sozialpolitik beinhaltet die Gesamtheit aller Grundsätze und Maßnahmen des Staates und größerer Verbände, die aktuell bestehende Sozialordnung im politischen Prozess zu gestalten.

Soziale Sicherung		
Gesetzliche Sozialversicherung	**Betriebliche Altersversorgung**	**Private Alterssicherung**
Renten-, Kranken-, Arbeitslosen-, Pflege-, Unfallversicherung	Betriebsrenten	Sparguthaben, Lebensversicherungen, Fonds-Anteile, Riesterrente

System der Sozialversicherung

1	**Versicherungsprinzip** Versicherungsrisiken (Alter, Krankheit, Arbeitslosigkeit, Pflegebedürftigkeit) sollen finanziell getragen werden.
2	**Versicherungspflicht** Alle abhängig Beschäftigten müssen sich versichern.
3	**Prinzip der Beitragsfinanzierung** Beitragshöhe ist ein Prozentsatz des Bruttoeinkommens, der je zur Hälfte vom Arbeitgeber und -nehmer gezahlt wird. Höchstbetragsregelung %-Satz der Beitragsbemessungsgrenze

1	**Solidaritätsprinzip** Gesunde zahlen für Kranke, Junge für Alte, …
2	**Prinzip der Selbstverwaltung** Eigenorganisation der Sozialversicherung
3	**Fürsorgeprinzip** Hilfe im Bedarfsfall; Höhe der Hilfe weitgehend unabhängig von der Höhe der Beiträge (Krankenversicherungsleistungen)
4	**Subsidiaritätsprinzip** staatliche Hilfe, wenn private Versorgung nicht trägt
5	**Äquivalenzprinzip** Beiträge und Leistungen müssen sich entsprechen (wird in der Altersrente und Erwerbslosengeld umgesetzt)

Zweige der Sozialversicherung

Krankenversicherung

- ärztliche, zahnärztliche Behandlung, Arznei-, Verbands-, Heilmittel, Krankengeld, Vorsorge
- Beitragssatz (Stand 2019) 14,6 %
- Beiträge als Prozentsatz vom Bruttoeinkommen abhängig Beschäftigter; je zu 50 % vom Arbeitnehmer und -geber getragen
- Träger: Orts-, Innungs-, Betriebs-, Ersatzkrankenkassen

Rentenversicherung

- Alters-, Hinterbliebenenrente, Rehabilitationsmaßnahmen
- Beiträge als Prozentsatz vom Bruttoeinkommen abhängig Beschäftigter; je zu 50 % vom Arbeitnehmer und -geber getragen
- Träger: Deutscher Rentnersicherungsbund, dt. RV Knappschaft Bahn-See, landwirtschaftliche Alterskassen

Arbeitslosenversicherung

- Arbeitslosengeld I (zeitlich befristet), Arbeitslosengeld II, Arbeitsförderung
- Beiträge als Prozentsatz vom Bruttoeinkommen abhängig Beschäftigter; je zu 50 % vom Arbeitnehmer und -geber getragen
- Beitragssatz (Stand 2019) 2,5 %
- Bundesagentur für Arbeit, Jobcenter, Jobbörsen

Pflegeversicherung

- häusliche Pflege privat oder durch Pflegedienste, stationäre Pflege, Pflegemittelzuschuss
- Beiträge als Prozentsatz vom Bruttoeinkommen abhängig Beschäftigter; je zu 50 % vom Arbeitnehmer und -geber getragen. Beitragssatz (Stand 2019) 3,05 %. Zusatzbeitrag von 0,25 % für Kinderlose ab 23 Jahren.
- Pflegekassen bei den Krankenkassen

Unfallversicherung

- ärztliche Versorgung bei Dienstunfall, Unfallverhütung
- Berufsgenossenschaften
- Beiträge abhängig vom Entgelt der Arbeitnehmer und der Gefahrenklasse des Unternehmens – zu 100 % vom Arbeitgeber getragen

Sozialstaatsmodelle

	kontinental-europäisches Modell (z. B. Deutschland)	skandinavisches Modell (z. B. Schweden, Finnland)	angelsächsisches Modell (z. B. Großbritannien)
Hauptmerkmal	Staat gleicht die Unwägbarkeiten des ersten Arbeitsmarktes aus.	Staat tritt als Arbeitgeber auf dem ersten Arbeitsmarkt auf.	Eingliederungsdruck in den ersten Arbeitsmarkt
„Recht auf …“	regelmäßiges Einkommen	Arbeit	residuale Absicherung (= Absicherung gegen individuelle Lebensrisiken überwiegend Privatsache, Staat springt nur im Notfall ein)
Ziel	Sicherung des Lebensstandards	soziale Sicherheit	Mindest- bzw. Grundsicherung
Kreis der Versicherten	alle abhängig Beschäftigten	alle Bürger	alle Bürger
Verständnis von der Rolle des Staates	konservatives Verständnis: Subsidiaritätsprinzip, auf Lohnarbeit basierend, Leistungen nach dem Versicherungsprinzip der gesetzlichen Versicherung (= Zwangsversicherung)	sozialdemokratisches Verständnis: Emanzipation des Einzelnen von Marktabhängigkeit, Zugangsrecht des Einzelnen zur breit gefächerten Palette staatlicher sozialer Leistung	liberales Verständnis: Betonung der Eigenverantwortlichkeit, staatlich geförderte freiwillige Versicherungssysteme, staatliche Fürsorgeleistungen bei streng kontrollierter Zugangsbeschränkung

	kontinentaleuropäisches Modell (z. B. Deutschland)	skandinavisches Modell (z. B. Schweden, Finnland)	angelsächsisches Modell (z. B. Großbritannien)
zentrale Steuerungsinstanz	Familie bzw. Haushalts- bzw. Erwerbsgemeinschaft	Staat	Markt
Wirkungen	große umverteilte Geldmenge bei geringen Umverteilungseffekten	zielgerichtet effizienter Geldmitteleinsatz	Spreizung der Gesellschaft

Sozialstaatmodelle

GESELLSCHAFT UND SOZIALER WANDEL — Checkliste

- → Definieren Sie den Begriff „Gesellschaft".
- → Erklären Sie, was einen Wandel in der Gesellschaft auslösen kann.
- → Stellen Sie verschiedene Gesellschaftsmodelle dar. Die Ständegesellschaft, die Klassengesellschaft, die Konzepte der eingeschmolzenen Klassengesellschaft und der nivellierten Mittelstandsgesellschaft sollen Ihnen bekannt sein.
- → Unterscheiden Sie das „Dahrendorf-Haus", das „variierte Dahrendorf-Haus" und die „Bolte-Zwiebel".
- → Verbalisieren Sie das Modell des „Sinus-Milieus".
- → Zeigen Sie verschiedene Bausteine der Sozialpolitik auf.
- → Erklären Sie die einzelnen Prinzipien der sozialen Sicherung.
- → Befassen Sie sich mit dem Leistungskatalog der einzelnen Sozialversicherungen.
- → Informieren Sie sich im Internet über die aktuellen Beitragssätze zu den Sozialversicherungen.
- → Vergleichen sie die Sozialstaatsmodelle Kontinentaleuropas, Skandinaviens und das angelsächsische Modell.

4 DIE EUROPÄISCHE UNION

Geschichte und Organisation der Europäischen Union

Das Werden der Europäischen Union

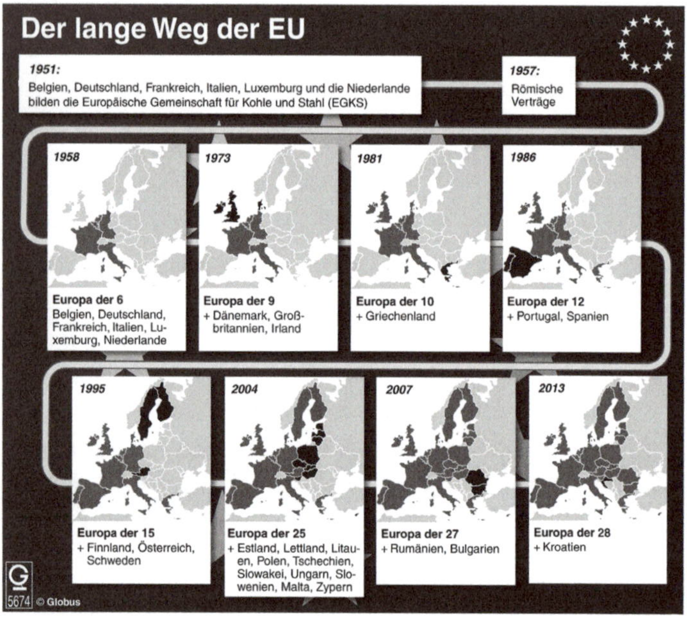

Der lange Weg der Europäischen Union

Abi Tipp

INFORMIERT SEIN UND BLEIBEN

Gerade am Beispiel der Entwicklung der Europäischen Union wird deutlich, wie wichtig es ist, sich konstant über politische Ereignisse zu informieren. Hier genügt es, das Stichwort Brexit zu erwähnen. So ist zum Zeitpunkt der Drucks dieses Buchs unklar, ob, wann und wie das Vereinigte Königreich die EU verlassen wird.

Jüngste Entwicklungen

- 2013 EU Krise als Staatsschulden-, Banken-, Euro-, Politik-, Wirtschaftskrise
- 2014 Wahlsieg des rechtspopulistischen Victor Orban in Ungarn, Öffnung nach Russland
- 2015 sogenannte Flüchtlingskrise durch Bürgerkrieg in Syrien
- 2015 Wahlsieg der rechtskonservativen Partei Recht und Gerechtigkeit in Polen mit anschließender Beschneidung des Verfassungsgerichts und des Rechtsstaats
  Ziel: Nationalstaat basierend auf einem katholisch-konservativen Wertefundament
- 2016 Brexit-Referendum, Art und Weise des Austritts sowie Austrittsdatum noch offen (Stand Juni 2019)
- EU-Erweiterungspläne
- Verhandlungen mit Montenegro und Serbien
- Beitrittsstatus noch ohne Verhandlungen mit Albanien und Mazedonien
- potenzielle Kandidaten noch ohne Beitrittsstatus:
  Kosovo und Bosnien-Herzegowina
- 2017 Emmanuel Macron siegt bei der Präsidentschaftswahl in Frankreich und verhindert damit die Präsidentschaft der rechtspopulistischen Marine Le Pen.

Die Europäische Union als komplexes System

Europäische Union – ein Staatenbund?

- Die EU verfügt über alle Insignien klassischer Staatlichkeit.
  → Europatag, 9. Mai
  → Europaflagge
  → Europahymne
  → Europamotto
- Der tatsächliche Wille zur staatlichen Einheit fehlt in der EU.

Mitglied werden in der Europäischen Union

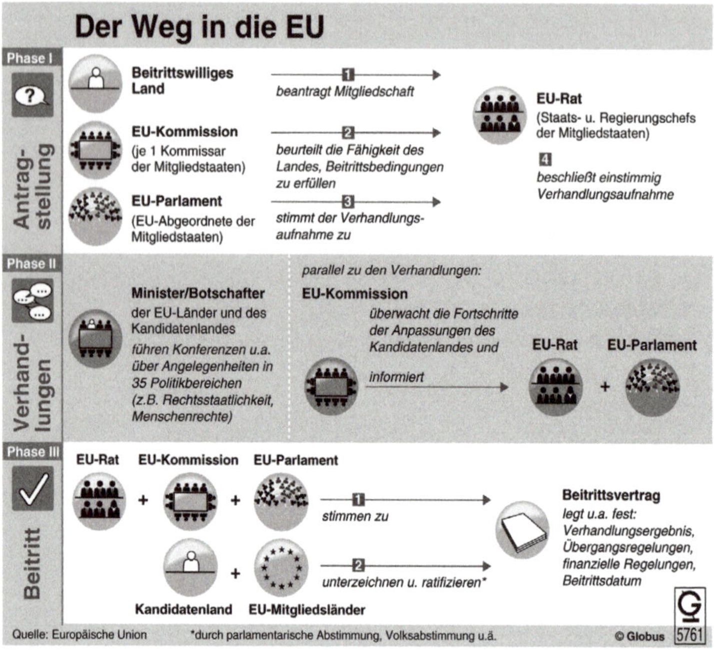

Wie wird man Mitgliedsstaat?

Kopenhagener Kriterien – Kriterien zur Beurteilung eines Beitrittsantrags

Politisches Kriterium	Wirtschaftliches Kriterium	Acquis-Kriterium
Wahrung der Menschenrechte, Achtung und Schutz der Minderheiten institutionelle Stabilität demokratische und rechtsstaatliche Ordnung	funktionsfähige Marktwirtschaft Fähigkeit des beitrittswilligen Staates dem innereuropäischen Wettbewerbsdruck standzuhalten	Fähigkeit, EU-Verpflichtungen zu erfüllen Ziele der EU vertreten Übernahme des Gemeinschaftsregelwerk „aquis communautaire“ garantieren

Die EU und der Westbalkan

■ *Beitrittsstatus: Verhandlungen laufen*

■ *Beitrittsstatus: noch keine Verhandlungen*

■ *noch kein offizieller Beitrittsstatus*

■ *EU-Mitglied*

	Bevölkerung in Mio	BIP pro Kopf in €	Arbeitslosenquote in %
1 Montenegro	**0,62 Mio.**	**6355 €**	**17,8 %**
2 Serbien	**7,08**	**4904**	**15,4**
3 Albanien	**2,89**	**3728**	**15,2***
4 Mazedonien	**2,07**	**4691**	**23,7**
5 Bosnien-Herzegowina	**3,52**	**4494**	**25,5**
6 Kosovo	**1,77**	**3304**	**27,5**

dpa•28212 Zahlen für 2016 *geschätzt Quelle: EU

Mögliche Erweiterungen der Europäischen Union (Stand: 3.2019)

Die EU und die Türkei

- Seit 1999 hat die Türkei den Status eines EU-Bewerberlandes. Im Oktober 2005 begannen die Beitrittsverhandlungen. Drei Jahre später wurde die sogenannte Beitrittspartnerschaft mit der Türkei durch den Europäischen Rat angenommen.
- Die politischen Entwicklungen in der Türkei unter Präsident Erdoğan, die unter anderem gekennzeichnet sind durch Maßnahmen, welche die Presse- und Meinungsfreiheit gefährden, führten 2015 zu einem kritischen Bericht der EU-Kommission mit der Empfehlung die Verhandlungen „einzufrieren". Auch im Jahr 2018 wurde von der EU-Kommission ein sogenannter Beitrittsreifebericht erstellt, der der Türkei schwerwiegende Rückschritte in folgenden Bereichen attestiert: Rechtstaatlichkeit, Meinungsfreiheit und Unabhängigkeit der Justiz.
- Damit ist ein Beitritt der Türkei derzeit und kurz- bis mittelfristig nicht möglich.

Europäische Institutionen und ihre Kompetenzen

Überblick zu EU-Institutionen

Weitere Europäische Institutionen

- Europäischer Gerichtshof (EuGH), Judikative der EU, Sitz Luxemburg
- Europäische Zentralbank (EZB), Hüterin der Gemeinschaftswährung
- ECOFIN-Rat, Rat der Wirtschafts- und Finanzminister zur Vermeidung wirtschaftlicher und finanzpolitischer Divergenzen
- Europäischer Stabilitätsmechanismus (ESM), Sitz Luxemburg, Finanzinstitution zur Unterstützung von finanziell in Schwierigkeiten geratenen Mitgliedsländern
- Europäischer Rechnungshof, überprüft den Haushalt der EU

Zusammenarbeit der Europäischen Union und ihrer Mitgliedstaaten

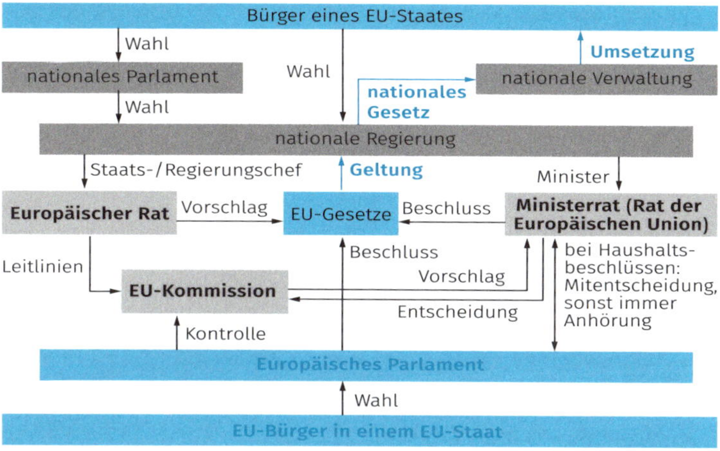

Zusammenarbeit der EU und ihrer Mitgliedsstaaten

Grundrechtecharta

54 Artikel zu Freiheiten und Menschenrechten in der EU, mit den Bereichen

- Würde des Menschen
- Freiheiten
- Gleichheit
- Solidarität
- Bürgerrechte
- justizielle Rechte

Lissabon-Vertrag

Erneuerung der vertraglichen Rechtsgrundlagen der EU. Die wesentlichen Änderungen sind

- Verbindlichkeit der Grundrechte-Charta für alle Mitgliedsländer,
- Möglichkeit eines europäischen Volksbegehrens (1 Mio. Unterschriften erforderlich),
- Stärkung des Europäischen Parlaments (Mitwirkung an der Gesetzgebung fast aller Gesetze, Kontrollbefugnisse, Mitbestimmung bei Zusammensetzung der EU-Kommission, Wahl des Präsidenten der EU-Kommission).

- Stärkung der nationalen Parlamente (Mitwirkungs- und Kontrollrechte)
- mehr Konstanz in der EU (Amt eines Präsidenten im Vorsitz des Europäischen Rates)
- Doppelte bzw. dreifache Mehrheit bei Entscheidungsfindungen (55 % der Staaten und 65 % der EU-Bevölkerung)
- beschleunigte Entscheidungsfindung (bei Asylpolitik, polizeilicher Zusammenarbeit, justizielle Kooperation; Verkleinerung der EU-Kommission)
- Vereinheitlichung der EU-Außenbeziehung (EU-Außenminister, Hoher Vertreter der Außen- und Sicherheitspolitik)
- Rahmenregelung für EU-Austritt

Demokratie in der Europäischen Union

- wenig transparente Innenstruktur der EU
- komplexe rechtliche Struktur
- Demokratiedefizit

Die Europawahlen 2019

- Aufgrund des noch nicht vollzogenen Brexit musste das Vereinigte Königreich Großbritannien und Nordirland auch 2019 an der Europawahl teilnehmen.
- Wahlergebnis in Deutschland (in Prozent):
  CDU/CSU 28,9; Grüne 20,5; SPD 15,8; AfD 11,0; Linke 5,5; FDP 5,4; Sonstige 12,9
- Sitzverteilung im Parlament (Veränderung zum letzten Ergebnis)

EVP (Christdemokraten, Konservative)	179 (–37)
S&D (Sozialdemokraten)	153 (–31)
EKR (Konservative, EU-Skeptiker)	64 (–13)
ALD&R (Liberale, Zentristen)	106 (+37)
Grüne/EFA	74 (+22)
GUE/NGL (Linke, Linkssozialisten)	38 (–14)
EFDD (EU-Skeptiker, Populisten)	54 (+12)
ENF (Rechtsextreme, Rechtspopulisten)	58 (+22)
Fraktionslose	9 (–11)
Neue Parteien (noch ohne Fraktion)	16

Euro und Europäische Zentralbank

ESZB

Das Europäische System der Zentralbanken
trägt seit dem 1. Januar 1999 die Verantwortung für die Geldpolitik in der Europäischen Wirtschafts- und Währungsunion.
– Oberstes Ziel: Preisstabilität
Unterziel: Unterstützung der Wirtschaftspolitik der EU im Rahmen einer freien Marktwirtschaft
Aufgaben: Geldpolitik/Wechselkurs-Geschäfte/Halten und Verwalten der Fremdwährungs-Reserven/Zahlungssysteme in der EU

Hier fallen die Entscheidungen!

EZB – **EZB-Rat** – **NZB**

Europäische Zentralbank
Direktorium: Präsident, Vize-Präsidentund bis zu vier weitere Mitglieder

Aufgaben: Formulierung der Geldpolitik (u. a. Leitzinsen, Mindestreserven)

Nationale Zentralbanken
Präsidenten der NZB, die am Eurosystem teilnehmen

erweiterter EZB-Rat

beratend – alle NZB-Präsidenten und EZB-Präsident sowie Vize-Präsident

Europäische Finanzinstitutionen

Konvergenzkriterien für den Beitritt zum Eurowährungsraum

Inflationsziel	Finanzziel	Wechselkurse	Zinsziel
max. 1,5 % über dem Durchschnitt der drei preisstabilsten Länder	Haushaltsdefizit max. 3% des BIP Staatsschuldenquote max. 60 % des BIP	zweijährige Teilnahme am Wechselkursmechanismus II mit max. Schwankungsbreite von +/– 15 %	Zinsniveau max. 2 % über dem Durchschnitt der drei preisstabilsten EU-Staaten

Krisen des Euro, Krisen der Europäischen Union

1	2009 mit der Pleite der Investmentbank Lehmann Brothers entwickelte sich in Europa eine als „Eurokrise" bezeichnete Bankenkrise, Staatsschuldenkrise und Finanzkrise. Eine Währungskrise ist es nicht.
2	Steigende Kreditaufnahme in den Mitgliedsländern führte zur Inflation, bewirkte Leistungsbilanzdefizite und mündete in hohen Staatsschulden. Einzelne Ländern konnten ihre Schulden nicht bedienen.
3	Die sich immer weiter verschuldenden Länder suchten finanzielle Hilfe in der EU, speziell beim Europäischen Stabilitätsmechanismus (ESM).
4	Finanzkrise in Griechenland, Offenlegung der enormen Staatsschulden, die das Land ohne Hilfe nicht bedienen konnte
5	Ratingagenturen bewerteten europäische Unternehmen, was auch eine Krise in Irland und Portugal nach sich zog.
6	2015–2018: Ankauf milliardenschwerer Staatsanleihen der EZB über den Sekundärmarkt
7	Vertrauensverlust der EU-Bevölkerung in die EU wegen der Gefahr der Vergesellschaftung von Schulden einzelner Mitgliedsstaaten.

Staatsverschuldung europäischer Länder 2017 in Prozent vom Bruttoinlandsprodukt* („Top" 30)	
1. Griechenland	181,9
2. Italien	131,5
3. Portugal	125,9
4. Belgien	103,2
5. Zypern	99,3
6. Spanien	98,4
7. Frankreich	97,0
8. Vereinigtes Königreich	87,0
9. Österreich	78,8
10. Kroatien	78,4
11. Ukraine	75,6
12. Slowenien	75,4
13. Albanien	71,2
14. Ungarn	69,9
15. Montenegro	69,7
16. Irland	68,5
17. Deutschland	64,1
18. Serbien	61,5

Staatsverschuldung europäischer Länder 2017 in Prozent vom Bruttoinlandsprodukt* („Top“ 30)	
19. Finnland	61,4
20. Niederlande	56,7
21. Malta	52,6
22. Polen	51,4
23. Weißrussland	51,0
24. Slowakei	50,4
25. Schweiz	42,8
26. Bosnien und Herzegowina	41,0
27. Island	40,9
28. Schweden	40,9
29. Nordmazedonien	39,2
30. Moldau	37,7

*Um Länder mit unterschiedlich großen Volkswirtschaften zu vergleichen, ermittelt man die Verschuldung in Beziehung zum Bruttoinlandsprodukt. Die Zahlen fußen auf Berechnungen des Internationalen Währungsfonds (IWF) aus dem Jahr 2018.
Das Maastrich-Kriterium beträgt maximal 60 Prozent. Das heißt 19 europäische Ländern (EU- und Nicht-EU-Mitglieder) erfüllten 2017 diese Kriterien nicht. Die IWF-Schätzung für 2018 geht davon aus, dass Deutschland mit 58,8 Prozent wieder knapp unter der Schwelle liegen wird.

DIE EUROPÄISCHE UNION — Checkliste

- Erarbeiten Sie die Stufen zum Werden der EU mit ihrem heutigen Gesicht.
- Nehmen Sie kritisch Stellung zu einer Erweiterung der EU mit den möglichen Beitrittskandidaten.
- Prüfen Sie, ob sie die Kriterien zur Aufnahme eines neuen Staates in die EU kennen.
- Unterscheiden Sie die Institutionen der EU.
- Nennen Sie die wesentlichen Aspekte des Lissabon-Vertrags.
- Nennen Sie die Konvergenzkriterien für den Beitritt zum Eurowährungsraum und beurteilen Sie die Sinnhaftigkeit der Kriterien.
- Informieren Sie sich über die Krisen der EU.

5 GLOBALISIERUNG

Ursachen von Globalisierung

ZENTRALE BEGRIFFE

- **Globalisierung** ist ein Prozess durch den Märkte und Produktion verschiedener Volkswirtschaften sich immer mehr ineinander verzahnen und damit voneinander abhängiger werden.
- **Globalismus** bedeutet, dass der Weltmarkt politisches Handeln verdrängt, ersetzt oder ganz überflüssig macht.
- **Globalität** bedeutet eine offene, entgrenzt-grenzenlose Weltgesellschaft mit ihren verschiedenen ökonomischen, politischen und kulturellen Formen.

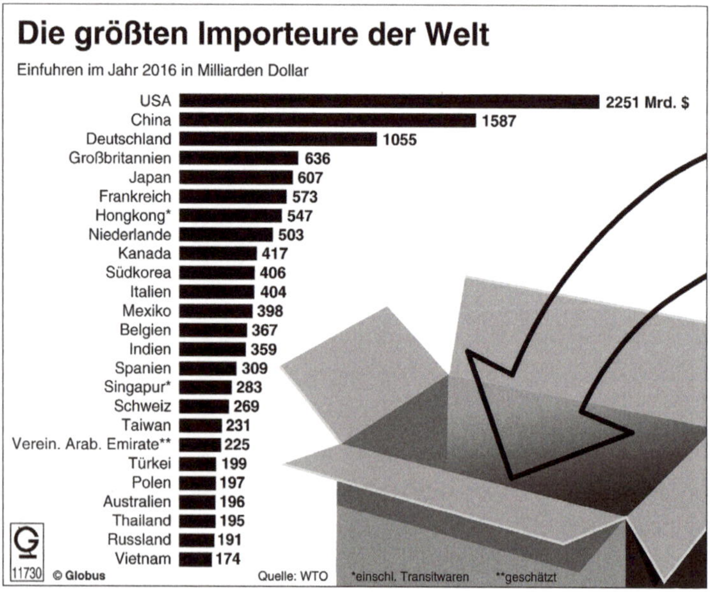

Importnationen

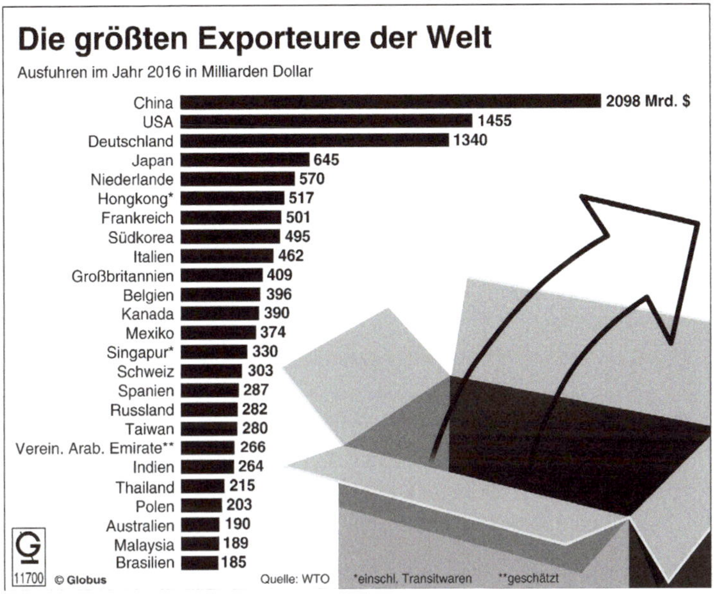

Exportnationen

Wirtschaftliche Ursachen

- wachsende internationale Arbeitsteilung
- Strukturwandel von Volkswirtschaften hin zu Gesellschaften, deren Wertschöpfung vorrangig im Tertiären Sektor stattfindet.
- mangelnde Verfügbarkeiten von Produkten
- mangelndes Know-how
- Preisunterschiede
- Qualitätsunterschiede
- Spezialisierung

→ Gemäß der Theorie der komparativen Kostenvorteile verschafft internationale Spezialisierung allen Staaten Kostenvorteile und damit einen Wohlstandsgewinn.

→ Gemäß der These der fortschreitenden Konvergenz der Staatenwelten bewirkt Globalisierung, dass drei sich verstärkende Prozesse weltweit zu ähnlichen Verbraucherpräferenzen führen, nämlich exponentieller Wissenszuwachs, länderübergreifender Austausch von Wissen und Akkulturation als Angleichung der Kulturen.

Technologische Ursachen

- Verbesserung der Transportmöglichkeiten (wachsendes Luftfrachtpotenzial, wachsende Schiffsladekapazitäten, normierte Container für Wasser, Schiene und Straße)
- Verbesserung der Kommunikationsmöglichkeiten (grenzenlose Kommunikation)

Gesellschaftliche Ursachen

- Verbreitung der englischen Sprache als internationale Kommunikationsbasis
- weltumspannende Soziale Netzwerke

Kulturelle Ursachen

- wachsender Austausch zwischen den Kulturen (Vermischung von Menschen verschiedener Kulturen durch Wanderungsbewegungen; Gastarbeiter)

Politische Ursachen

- internationale Organisationen
  → **IWF (Internationaler Währungsfonds)** mit der Aufgabe, die internationale Zusammenarbeit zu fördern und den Welthandel zu begünstigen
  → **Weltbank**, mit der Aufgabe, die Welt von Armut zu befreien
  → **WTO (World Trade Organisation)** als Koordinationsagentur für internationalen Handel auch mit dem Ziel, Zollschranken zu beseitigen (Doha-Runde) mit den zentralen Streitthemen:
    - Forderung der Entwicklungsländer an die USA und die EU, die Agrarsubventionen abzusenken
    - Forderung der entwickelten Länder an die Entwicklungsländer, die Zölle für Industrieprodukte zu senken
- Internationale Kooperationen
  z. B. **EU, CEFTA** (mitteleuropäisches Freihandelsabkommen),
  EFTA (Europäische Freihandelszone),
  NAFTA (Nordamerikanische Freihandelszone),
  MERCOSUR (Gemeinsamer Markt Südamerikas)
- Auflösung des Ostblocks

Rechtliche Ursachen

- Völkerrecht
- Vereinheitlichung von Normen auf internationaler Ebene (z. B. im Bereich der Elektrotechnik)

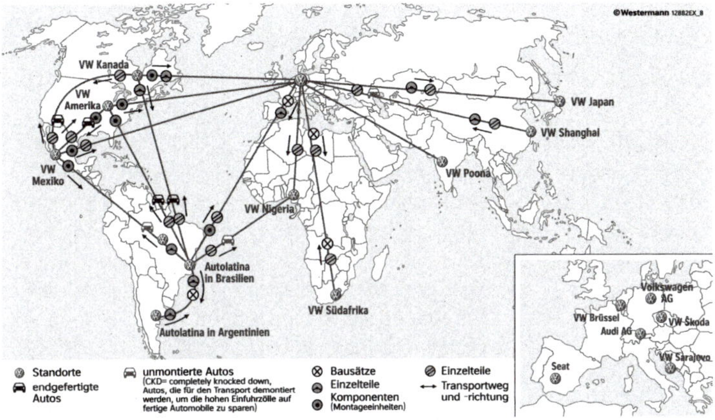

VW als transnationales Unternehmen

Transnationale Unternehmen, Global Player wie beispielsweise der VW-Konzern sind Träger der Globalisierung. Dabei spielt das Konzept des Shareholder Value, d. h. das Aktionärswohl als das wichtigste Unternehmensziel, eine zentrale Rolle.

ZENTRALE BEGRIFFE

- **Global Player** sind Unternehmen/Konzerne, die weltweit Produktionsstandorte/Lieferanten haben, die auf der ganzen Welt Handel treiben. Beispiele für solche „globalen Spieler" sind etwa Nestlé, Apple, Aldi, Walmart, Toyota.

Globalisierung heute

Verlauf der Globalisierung

Globalisierung findet im Bereich der Wirtschaft auf drei Betätigungsfeldern statt:

Exporte	Direktinvestitionen	Finanzmärkte
Die Güter gehen zum Markt.	Die Produktion geht zum Markt.	Das Kapital geht zur Produktion.
wachsender grenzüberschreitender Handel durch zunehmende internationale Arbeitsteilung	Unternehmen beteiligen sich dauerhaft an ausländischen Unternehmen, um neue Absatzmärkte zu erschließen, Standortvorteile zu nutzen, aber auch um steuerliche Vorteile in Anspruch zu nehmen.	Durch Vereinfachung der Finanzierung grenzüberschreitender Aktivitäten wachsen die internationalen Finanzströme.

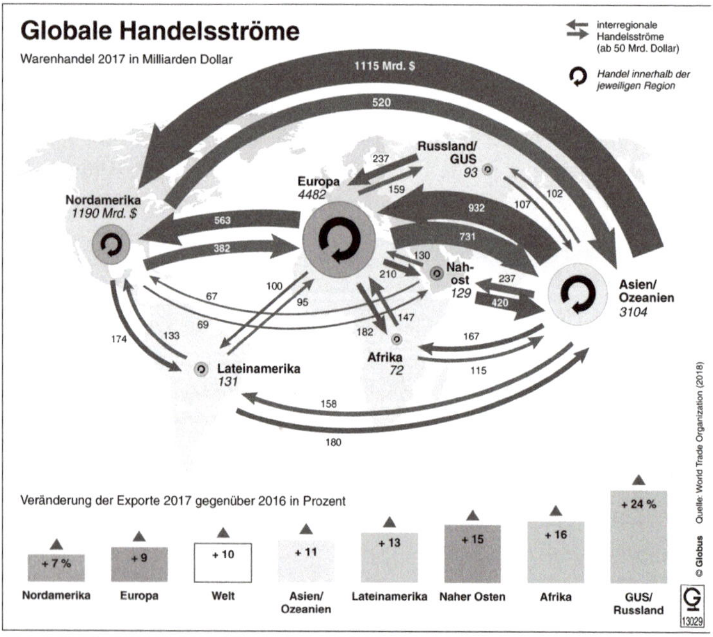

Handelsströme: Richtungen und Umfänge

Abi Tipp

AKTUELLE HANDELSSITUATION

Informieren Sie sich über die aktuelle Handelssituation, insbesondere auch über Maßnahmen zu Schutzzöllen und anderen Maßnahmen des Protektionismus, die insbesondere von den USA ausgehend auf den Warenhandel wirken. Seit der Übernahme des Präsidentenamtes durch Donald Trump und der damit verbundenen Ankündigung von Zöllen gegen Länder der Europäischen Union und China, werden die Handelsströme beeinträchtigt.

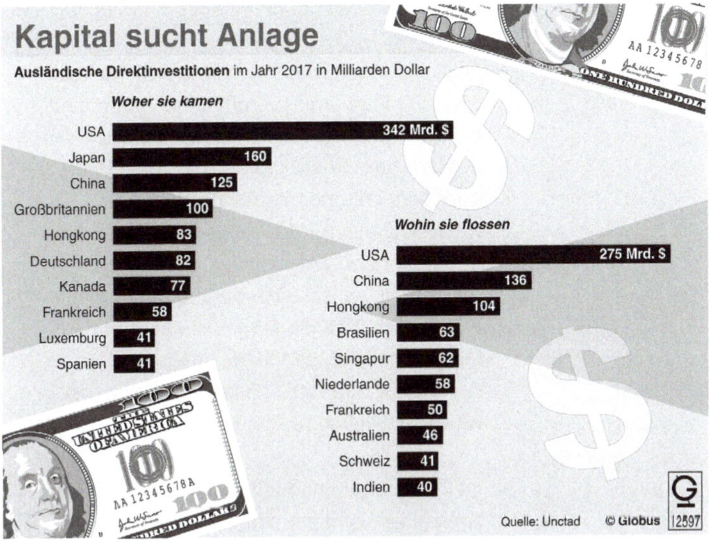

Direktinvestitionen im Ausland

Finanzkapitalismus	
Banken ...	• sammeln Geld von Sparern und leiten es an Kreditnehmer (**Risikowandlung**, da Sparer ihr Geld risikofrei anlegen, Banken es aber mit Risiko weitergeben). • zahlen den Sparern auf Wunsch die Einlage aus, stellen den Kreditnehmern das Geld aber längerfristig zur Verfügung (**Fristenwandlung**). • bündeln viele kleine Einlagen zu wenigen großen Krediten (**Losgrößenwandlung**).

Finanzkapitalismus	
Börsen ...	• sind die Orte, an denen die Pläne der Unternehmen öffentlich werden und zu einem Börsenkurs verarbeitet werden. • sind ein Treffpunkt von Angebot und Nachfrage.
Spekulation...	• meint „gewagte Geschäfte machen", also Käufe oder Verkäufe unter Ausnutzung erwarteter Preisänderungen. • sind ein häufiges Phänomen an den Börsen.
Spekulationsblase ...	• beschreibt den Zustand, dass durch Spekulationen die Werte der betroffenen Papiere deutlich zu hoch angesetzt sind. Das Volumen des Börsen- bzw. Finanzkapitalismus liegt deutlich über dem Volumen der Realwirtschaft. • war ursächlich für die Pleite der Investmentbank Lehmann Brothers (Sept. 2008), die eine weltweite Finanzmarktkrise und damit eine Weltwirtschaftskrise ausgelöst hat. Kreditausfälle für zu hoch beliehene Immobilien an zu wenig finanzkräftige Kunden (Subprimekrise) waren ursächlich für die Krise.
Liquidität ...	• meint, dass alle handelbaren Werte und Waren zu Geld gemacht werden können. • ist letztlich das Gut, mit dem Banken und Börsen handeln. Die Kosten und Sicherheit der Liquidität bestimmen wesentlich die globalen Kapitalströme.

Zwischenstand der Globalisierung

Globalisierung zeigt viele Facetten. Und sie ist keine Erfindung der Jetztzeit. Globale Handelsströme gibt es seit Jahrhunderten. Das Tempo und der Umfang haben sich allerdings in der Gegenwart immens gesteigert. Positive Auswirkungen lassen sich ebenso feststellen wie Gründe für Kritik. Die Zivilgesellschaft (etwa NGOs), aber auch die Politik (internationale Organisationen und Vereinbarungen) reagieren auf diese Entwicklungen.

Globalisierung des Kapitalismus

- Der Kapitalismus mit seiner marktwirtschaftlichen Ordnung hat in vielen Teilen der Welt Freiheit ermöglicht, individuellen Wohlstand geschaffen.
- Das Warensortiment hat sich länder- und kontinentübergreifend erheblich gesteigert, das Beschaffen von Waren aus aller Welt gelingt problemlos. Wenn der heimische Handel die Waren nicht bereithält, ist der Internethandel die Alternative.
- Die sich ausbreitende Marktwirtschaft wirkt positiv für hunderte Millionen Menschen in Industrieländern, wie in Schwellen- und Entwicklungsländern.
- Uneingelöste Hoffnungen auf schnelle Entwicklung in manchen Ländern der Welt und negative Entwicklungen in der Weltwirtschaft lassen kritische Töne aufkommen.
- Die deregulierte Marktwirtschaft wird von kritischen Stimmen als Turbo-, Raubtier- oder Kasino-Kapitalismus gekennzeichnet. Insbesondere wird hier die explosionsartige Zunahme des spekulativen Börsenhandels mit Aktien, Derivaten, Rohstoffen und Devisen kritisch gesehen, hohe Risiken, die nicht selten mit geliehenem Geld finanziert werden (Pump-Kapitalismus).
- Da die Marktwirtschaft (derzeit) Umweltaspekte nicht oder nicht angemessen als Kostenfaktor berücksichtigen muss (Luftreinheit, Wasserreinheit ...), wird die Umwelt im Rahmen der Produktion und im Transportwesen in starkem Maße belastet.

Kritik an der Globalisierung

- Die Globalisierung des Finanzmarktes globalisiert auch die Risiken, die mit den Geldgeschäften verbunden sind. Dies zeigte eindrucksvoll die Ausweitung der amerikanischen Hypotheken- und Immobilienkrise (Subprimekrise) zur Weltwirtschafts- und -finanzkrise
- Die als ungenügend eingeschätzte Bankenregulierung, Deutschlands Exportüberschüsse, Riesengewinne bei Großkonzernen, unverändert hohe Banker-Boni und sehr hohe Managementgehälter, die Öffnung der Schere zwischen Arm und Reich u. v. a. werden kritisch beäugt. Das alles legt nahe, die Globalisierung multiperspektivisch zu betrachten.
- Seit dem Wahlsieg von Donald Trump zum Präsidenten der USA und dem ausgerufenen „America first" entwickelt sich ein Handelskrieg mit der Androhung massiver protektionistischer Maßnahmen (Strafzölle auf chinesische Produkte, Androhung von Strafzöllen auf deutsche Automobile, ...), was massive wirtschaftliche Konsequenzen für die betroffenen Branchen und insgesamt die betroffenen Volkswirtschaften bedeuten würde.
- Chinesische Firmenkäufe in Europa und den USA werden kritisch beäugt, nicht zuletzt aus Angst vor zu großer Einflussnahme der neuen Besitzer auf die Märkte.
- Globalisierung bewirkt eine Verlagerung von Industriearbeitsplätzen in Billiglohnländer und verursacht damit einen Abbau von Sozialstandards. Mit der Verlagerung der Arbeitsplätze steigt die Angst vor Arbeitslosigkeit.
- Fortschreitende Globalisierung bewirkt zahlreiche Veränderungen im sozialen, kulturellen, politischen und wirtschaftlichen Leben, die auch große Unsicherheiten mit sich bringen, da die Veränderungen auch eine hohe Anpassungsfähigkeit der Menschen an die sich ändernden Gegebenheiten erfordern.
- Mit der Ausweitung des Warenhandels expandieren auch der Waffenhandel, der Drogenhandel und die organisierte Kriminalität.
- Die wachsende Marktmacht der Global Player ermöglicht eine große Einflussnahme auf politische Entscheidungen, da die Abwanderung des Unternehmens an einen anderen Standort für eine Volkswirtschaft erhebliche Nachteile mit sich bringen kann.

Abi Tipp

PRO- UND CONTRA-DISKUSSION

Im Bereich der Ursachen und Folgen sollte es Ihnen gelingen, eine Pro- und Contra-Diskussion zu führen. Dazu genügt in der Regel ein Auswahl von Argumenten, sodass sie nicht alle Aspekte lernen müssen.

Reaktionen auf die Globalisierung

- Bildung zahlreicher globalisierungskritischer Nichtregierungsorganisationen (NGOs), die sich für höhere Unternehmenssteuern, gerechtere Löhne, eine Verbesserung der Rechte der Arbeitnehmer stark machen
- Beispiel einer NGO ist das Netzwerk attac, das in mittlerweile über 40 Ländern aktiv ist und inzwischen ca. 90 000 Mitglieder hat.
- NGO-Aktionen zielen u. a. darauf, dass das Primat der Politik gegenüber der sich immer weiter deregulierten globalen Wirtschaft zu sichern oder zurückzugewinnen ist.
- Antiglobalisierungsproteste, wie etwa anlässlich von G 20- und WTO-Treffen, gehören mittlerweile zum Gipfel-Ritual (z. B. Hamburg 2017).

Politik als Krisenmanagement

- **G 8-Weltwirtschaftsgipfel**
  Die Gruppe der Großen Acht (USA, J, D, F, GB, I, CAN, RUS) ist ein Forum für den Gedankenaustausch in Fragen der Weltpolitik.
  → jährliche Treffen zu Themen wie Sicherheitsfragen und globale Herausforderungen
  → Gespräche bleiben aber informell.
- **G 20-Gipfel**
  Die Erweiterung der G8 auf G20 im April 2009 war der Versuch, die aus den Fugen geratene internationale Finanzarchitektur zu stabilisieren.
  Koordiniertes antizyklisches Handeln der Staaten soll gegen die Gefahr des Zusammenbruchs der globalen Marktwirtschaft und der drohenden Insolvenz einzelner Staaten wirken.
  Die Durchschlagskraft der Entscheidungen dieses Gremiums ist aber besonders vor dem Hintergrund des protektionistisch agierenden derzeitigen US-Präsidenten Donald Trump unsicher.

- Die Eurozone ist gefordert, eine stabile Währung zu präsentieren. Dazu bedarf es eines stabilen Bankensektors, der aber auch Jahre nach der Bankenkrise noch mit faulen Krediten belastet ist. Dies stellt in besonderem Maße die hoch verschuldeten Krisenstaaten vor schwierige Aufgaben, insbesondere in Bezug auf die Staatshaushalte.
- Das von Deutschland den anderen Euro-Staaten aufgedrängte EU-Sanierungskonzept (ausgeglichene Staatshaushalte durch Ausgabenkürzung, Schuldenbremse, liberale Wirtschaftsreformen) scheint einerseits erfolgreich umgesetzt (Irland, Portugal, Spanien), andererseits nur zögerlich betrieben (Italien, Frankreich) oder sogar zu spät begonnen zu sein (Griechenland).

GLOBALISIERUNG — Checkliste

→ Unterscheiden Sie Globalisierung, Globalismus und Globalität.
→ Zeigen Sie wirtschaftliche, kulturelle, politische, technologische, gesellschaftliche, rechtliche Ursachen der Globalisierung.
→ Befassen Sie sich mit der Globalisierung im Bereich der Warenwirtschaft, der Finanzwirtschaft und klären Sie in diesem Zusammenhang den Begriff Direktinvestitionen.
→ Stellen Sie eine Beziehung zwischen Finanzkapitalismus und Globalisierung her.
→ Zeigen Sie, was mit Globalisierung des Kapitalismus gemeint ist.
→ Stellen Sie die Kritikpunkte an der Globalisierung heraus.
→ Zeigen Sie die Konsequenzen, die sich auf Grund der negativen Aspekte der Globalisierung ergeben haben.
→ Befassen Sie sich mit den Politischen Organisationen G8 und G20 und stellen Sie dar, welche Rolle sie im politischen Geschehen der globalisierten Welt spielen.
→ Befassen Sie sich mit den internationalen Handelsströmen und stellen Sie dabei die Rolle Afrikas und Lateinamerikas heraus. Beurteilen Sie die wachsende Globalisierung aus Sicht der „reichen Staaten der westlichen Welt“ und aus Sicht der Entwicklungsländer.
→ Beurteilen Sie die Sinnhaftigkeit eines europäischen Sanierungskonzepts.

INTERNATIONALE KONFLIKTE: KRIEG, FRIEDEN UND SICHERHEIT

Krieg, Frieden und Sicherheit im 21. Jahrhundert

Überblick über bewaffnete Konflikte im 21. Jahrhundert

- „Jasmin"-Revolution in Tunesien; Umbrüche und Militärputsch in Ägypten; Bürgerkrieg und Staatszerfall in Libyen; Bürgerkrieg im Jemen, Bürgerkrieg und Massenflucht in Syrien, usw.
- Aufflackern von Konflikten und Kriegen, z. B. Nahost-Konflikt, Irak, Afghanistan, Sudan vs. Südsudan, Mali, Pakistans Nordwesten (US-Drohnenkrieg), Ost-Kongo, Zentralafrikanische Republik
- begrenzte Befriedung in alten Kriegs- und Bürgerkriegsgebieten, z. B. Irak, Tschetschenien, Kaschmir, Westsahara, Ost-Kongo
- die Entstaatlichung von Kriegen und Privatisierung militärischer Gewalt, z. B. Islamischer Staat, al-Quaida-Attentate, al-Nusra-Front in Syrien
- die Häufung ethnischer Konflikte und Kriege, z. B. in Darfur
- Implosion von Staaten (*failed states*) und Staaten-Regionen, z. B. Libyen, Somalia ...
- die Zunahme des internationalen Terrorismus, z. B. Anschläge Madrid, London, Bali, Mumbai, Paris, Nizza, Berlin usw.;

Ursachen für Kriege und ähnliche Konflikte

- Kolonialismus
- Streben nach Autonomie
- Streben nach Abspaltung/Sezession
- Versuch, regional die Vorherrschaft zu gewinnen

- Versuch, territoriale Ansprüche durchzusetzen
- Konflikt von Systemen, Ideologien oder Religionen
- Streben nach internationaler Macht
- Herrschaftssicherung (etwa durch Ablenkung von innenpolitischen Konflikten)
- Sicherung von Ressourcen/Rohstoffen
- Furcht vor Bedrohung
- Fehlwahrnehmung von Absichten/Stärke anderer Staaten
- Versuch, politische Interessen durchzusetzen
- ethnische Gründe
- sozio-ökonomische Gründe

Konfliktpotenziale

- die Vergrößerung des Abstandes zwischen Arm und Reich besonders in Afrika
- Verschärfung des Wettlaufs um die Ressourcenkontrolle, z. B. bei Wasser, Erdöl, Gas, Tropenholz, Seltenen Erden und vielen anderen Rohstoffen
- Verschlechterung der Umwelt- und Lebensbedingungen, z. B. der Kampf um Trinkwasser, Bildung und medizinische Versorgung
- Verunreinigtes Trinkwasser ist die Hauptursache für die Erkrankung an Cholera oder für Durchfallerkrankungen. Auch tritt eine Häufung von Seuchen und von Epidemien, etwa AIDS und Malaria, Tuberkulose, Kinderlähmung sowie Zika auf.
- Kampf gegen den Drogenhandel und den Anbau von Mohn (Afghanistan) und Koka (Kolumbien, Ecuador, Peru, Bolivien)
- Natur- und Technikkatastrophen, z. B. Tsunami-Welle im Indischen Ozean 12/2004; Erdbeben in Nord-Pakistan 9/2005, Mittelchina 8/2008, Haiti 12/2009; Tsunami-Welle und Atomkatastrophe in Fukushima/Japan 03/2011; Taifun Haiyan auf den Philippinen 11/2013
- Infolge der zahlreichen Konflikte ergibt sich eine erhebliche Zunahme von Migration wegen wirtschaftlicher Not oder ausgelöst durch Kriegshandlungen.

„Recht zum Krieg“ - „gerechter Krieg

- Thomas von Aquin (1225–1274): Gerechte Kriege zeichnen sich aus durch
  - → fürstliche Vollmacht,
  - → den gerechten Grund und
  - → die rechte Absicht.
- Carl von Clausewitz (1780–1831): Krieg als letztes Mittel der Politik verlieh der Meinung seiner Zeit Ausdruck und war Rechtfertigung für diverse Kriege, u.a. des Ersten und des Zweiten Weltkriegs.
- Die Haager Landkriegsverordnung (1907) nahm sich auch der Kriegsgefangenen an.
- Briand-Kellogg-Pakt (1929): Krieg nur im Verteidigungsfall
- Charta der UN (1945): Krieg nur im Verteidigungsfall
- Wiederkehr der Vorstellung des „gerechten Krieges“ (und der Debatte darüber) mit Anschlag auf die Zwillingstürme in NY

Zusammenhang Armut und Wahrscheinlichkeit von Bürgerkriegen

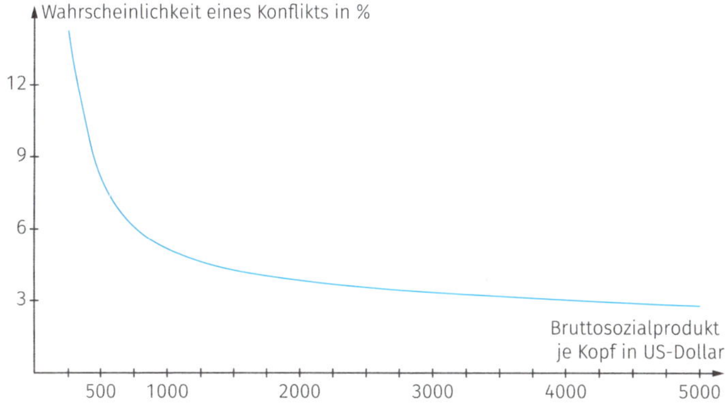

Die Vereinten Nationen

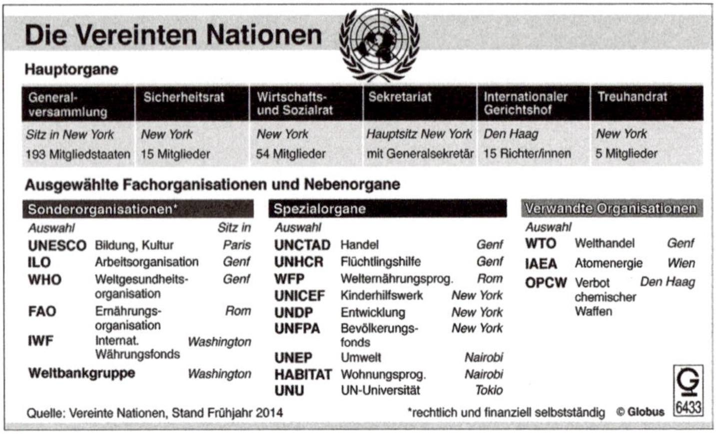

Die Vereinten Nationen

Hauptorgane

Generalversammlung	Sicherheitsrat	Wirtschafts- und Sozialrat	Sekretariat	Internationaler Gerichtshof	Treuhandrat
Sitz in New York	*New York*	*New York*	*Hauptsitz New York*	*Den Haag*	*New York*
193 Mitgliedstaaten	15 Mitglieder	54 Mitglieder	mit Generalsekretär	15 Richter/innen	5 Mitglieder

Ausgewählte Fachorganisationen und Nebenorgane

Sonderorganisationen*

Auswahl		*Sitz in*
UNESCO	Bildung, Kultur	*Paris*
ILO	Arbeitsorganisation	*Genf*
WHO	Weltgesundheitsorganisation	*Genf*
FAO	Ernährungsorganisation	*Rom*
IWF	Internat. Währungsfonds	*Washington*
Weltbankgruppe		*Washington*

Spezialorgane

Auswahl		
UNCTAD	Handel	*Genf*
UNHCR	Flüchtlingshilfe	*Genf*
WFP	Welternährungsprog.	*Rom*
UNICEF	Kinderhilfswerk	*New York*
UNDP	Entwicklung	*New York*
UNFPA	Bevölkerungsfonds	*New York*
UNEP	Umwelt	*Nairobi*
HABITAT	Wohnungsprog.	*Nairobi*
UNU	UN-Universität	*Tokio*

Verwandte Organisationen

Auswahl		
WTO	Welthandel	*Genf*
IAEA	Atomenergie	*Wien*
OPCW	Verbot chemischer Waffen	*Den Haag*

Quelle: Vereinte Nationen, Stand Frühjahr 2014 *rechtlich und finanziell selbstständig © Globus 6433

Aufbau der Vereinten Nationen

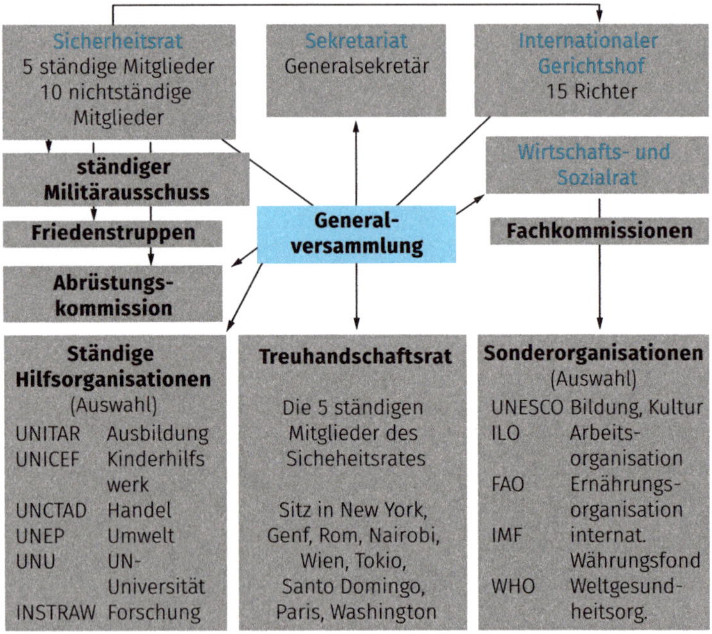

Das System der Vereinten Nationen

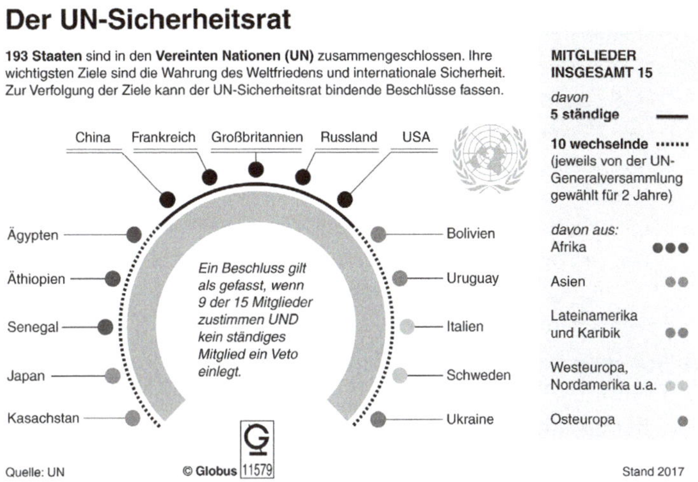

Der UN-Sicherheitsrat

Agenda für den Frieden (nach Vorschlägen des UN-Generalsekretärs Boutros Boutros-Ghali (1992)

vorbeugende Diplomatie
- Entstehen von Streitigkeiten verhindern
- Ausbruch offener Konflikte vermeiden
- Mittel: diplomatische Gespräche, Frühwarnsysteme, ggf. vorbeugender UN-Truppeneinsatz

Friedenssicherung
- Lage in Konfliktzonen entschärfen
- Vereinbarungen überwachen
- Mittel: Entsendung von Beobachtern, Einsatz UN-Friedenstruppen (Grenzkontrollen, Wahlüberwachung, Überwachung Friedensvereinbarungen)

Friedensschaffung
- Parteien zur Einigung bringen
- Mittel: Vermittlung, Schiedsspruch, gewaltlose Sanktionen (Wirtschafts-, Verkehrsblockade), abrufbereite UN-Truppen
- Militärische Gewalt als letztes Mittel

Friedenskonsolidierung
- Frieden stabilisieren
- Parteien zum friedlichen Wiederaufbau anhalten
- Mittel: Entwaffnung der verfeindeten Parteien, Wiederherstellung öffentlicher Ordnung, Wahlüberwachung, Schutz der Menschenrechte, Reform bzw. Aufbau staatlicher Institutionen

Aufgaben der UN

- friedenserhaltene Maßnahmen durch Blauhelmaktionen
  → Untersuchungen bei Grenzverletzungen
  → Kontrolle von Waffenstillständen
  → Überwachung von Wahlen
  → Maßnahmen nur mit Zustimmung des UN-Sicherheitsrates und aller Konfliktbeteiligten
- Gewaltmonopol der UN-Charta
  → Der Sicherheitsrat kann beschließen, welche Maßnahmen zu ergreifen sind, um die Beschlüsse umzusetzen.
  → Ggf. können Streitkräfte eingesetzt werden.

Fragen an die UN im 21. Jahrhundert

- Wer beherrscht die Welt im 21. Jh. (militärische Supermacht USA oder aufstrebende Weltmacht China)?
- Wer ist wem untergeordnet?
- Wer ist der Hegemon, die unilateral handelnden Großmächte oder die multilateral angelegte UN?
- Welche Rolle spielt China, die Nation, die sich bis Mitte des 21. Jh. zu einer wirtschaftlichen und politischen Supermacht entwickeln könnte?

Die UN in Afghanistan und Syrien

- Nach dem 11.9.2001 Verabschiedung der Resolutionen 1368 und 1373, Grundlage zur Rechtfertigung des **Afghanistankriegs** der USA, des United Kingdom und deren Partnern
- Weitere Resolutionen (1566, 1624, 1817 aus den Jahren 2004 bis 2008) betonen zivilgesellschaftliche Fortschritte und rechtfertigen den Kampf gegen die Taliban.
- 2014 kündigen die USA den Rückzug aus Afghanistan an. Der Abzug aller NATO-Streitkräfte ist aber bis 2019 noch nicht vollzogen.
- Der Bürgerkrieg in **Syrien** beginnt 2011 mit friedlichen Protesten.
- Kampf der Regierung gegen die Protestierenden mit voller Härte, Inhaftierung Oppositioneller
- Unterstützung des Assad-Regimes durch den schiitisch ausgerichteten Iran
- Befriedung durch die UN scheitert an Veto-Mächten China und Russland
- Stand Januar 2019: Der Krieg hat ca. 500 000 Menschenleben gekostet und die Flucht von 14 Mio. Menschen verursacht.

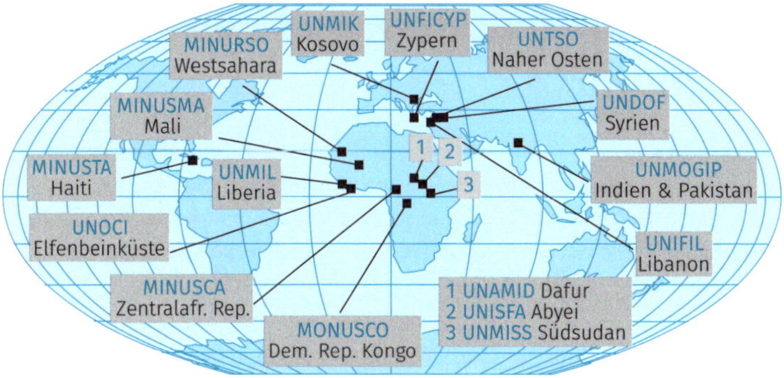

UN-Missionen

Abi Tipp

AUCH HIER ZÄHLT, AKTUELL INFORMIERT ZU SEIN

Auch wenn so mancher Konflikt zum Leidwesen der Betroffenen lange andauert, und damit der UN-Einsatz auch von langer Dauer ist, so muss man doch die Geschehnisse verfolgen. Immerhin muss man bei Prüfungen ja auch nachweisen, dass man, um es flapsig zu formulieren, nicht von Gestern ist.
Gute Quellen sind (neben Tageszeitungen, Zeitschriften und den Nachrichten in Radio und Fernsehen) unter anderem:
https://peacekeeping.un.org/en
https://www.unmissions.org/
https://peaceoperationsreview.org/maps/
https://www.auswaertiges-amt.de/de/aussenpolitik/internationale-organisationen/uno/04-friedensmissionen-un/205586.

Regionale Bündnisse und neue Blockbildung

1	NATO *North Atlantic Treaty Organization* (Nordatlantikvertrag) militärisches Bündnis europäischer und nordamerikanischer Staaten Zielsetzung: Gewährung von Freiheit und Sicherheit der Mitgliedstaaten
2	Die OPEC ist die *Organization of the Petrol Exporting Countries*, Zusammenschluss erdölexportierender Staaten. Die OPEC-Staaten verfügen über etwa ¾ der gesamten Erdölreserven weltweit. Zielsetzung: Rohölmarkt so zu beherrschen, dass eine Preisbildung im Sinne des Kartells möglich ist
3	Die *Europäische Union* (EU): Zusammenschluss von 28 europäischen Staaten (Stand April 2019) mit der Absicht enger wirtschaftlicher Zusammenarbeit, um wirtschaftlichen und sozialen Frieden zu schaffen. UK plant das Verlassen der EU (Brexit).
4	Die *Gemeinschaft unabhängiger Staaten* (GUS): Gründung der GUS, nach dem Auseinanderfallen der Sowjetunion Zielsetzung: gemeinsamer Wirtschafts- und Sicherheitsraum
5	OSZE *Organisation für Sicherheit und Zusammenarbeit in Europa* Zielsetzung: Friedenserhalt und Konfliktbewältigung
6	NAFTA *North American Free Trade Agreement*: Freihandelszone der Staaten Kanada, USA und Mexiko
7	*Die Andengemeinschaft (früher: Anden-Pakt) Comunidad Andina de Naciones* Zielsetzung: wirtschaftliche, soziale und politische Integration der Andenanrainer
8	MERCOSUR *Mercado Común del Cono Sur Comist* Zielsetzung: Freihandelszone und eine Zollunion zwischen Argentinien, Brasilien, Paraguay und Uruguay
9	AU *Afrikanische Union* Zielsetzung: Bekämpfung der wirtschaftlichen, sozialen und gesundheitlichen Probleme Afrikas
10	APEC *Asean Pacific Economic Conference* + TTP *Trans Pacific Partnership* Zielsetzung: Freihandelszone Der TPP Freihandelsvertrag (2016) muss noch ratifiziert werden (Stand: Feb. 2019). US-Präsident Donald Trump zeigt sich jedoch als Gegner von TPP.

Entwicklungen nach der Auflösung der Ost-West-Bipolarität

- Auflösung des Ostblocks
- Entwicklung neuer komplexer, internationaler Beziehungen, neue Staatenbündnisse entstehen
- Aufstieg Chinas, Bedeutungsgewinn verschiedener Schwellenländer (z. B. Brasilien, Russland, Indien)
- kriegerische Auseinandersetzungen in den arabischen Staaten
- wachsender Terror
- Sicherheitsbegriff wandelt sich:
  - → in bipolarer Zeit territorial abgegrenzte Zonen
  - → Nach Auflösung des Ostblocks steigt die Anzahl der Krisenherde.
  - → Eine klare Benennung, woher die Bedrohung kommt, ist mitunter nicht möglich.

Rolle der Bundeswehr

- Wandel von einer Verteidigungsarmee zur Interventionsarmee (diverse Auslandseinsätze)
- Parlamentsarmee, d. h. jeder Auslandseinsatz bedarf der Genehmigung des Parlaments
- Aussetzen der Wehrpflicht seit 2011

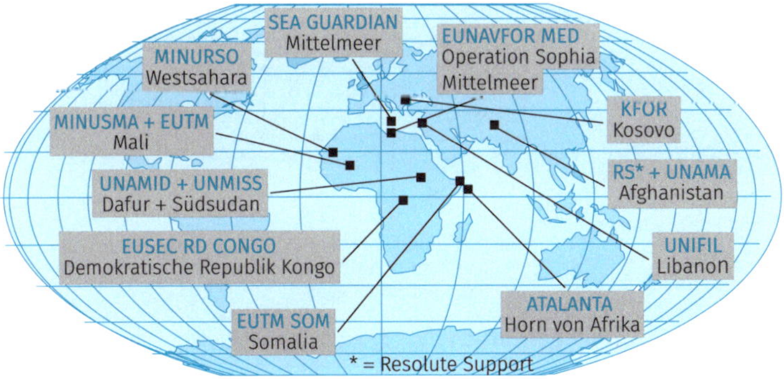

Auslandseinsätze der Bundeswehr

Internationale Zivilisierung und Global Governance

WICHTIGE BEGRIFFE

- Unter **Internationaler Zivilisierung** versteht man den Prozess der Friedenssicherung als Zivilisierungsprojekt. Wesentliche Bausteine für eine friedliche Gesellschaft zeigt die Grafik unten auf dieser Seite.
- Unter **Global Governance** versteht man nicht irgendeine und irgendwie geartete Weltregierung, vielmehr versteht man darunter ein internationales Rahmenwerk aus Regeln und Gesetzen sowie gemeinsamen Prinzipien, an die man sich hält, um weltweite Probleme und Konflikte zu lösen. Siehe auch: https://oxfordre.com/internationalstudies/view/10.1093/acrefore/9780190846626.001.0001/acrefore-9780190846626-e-508

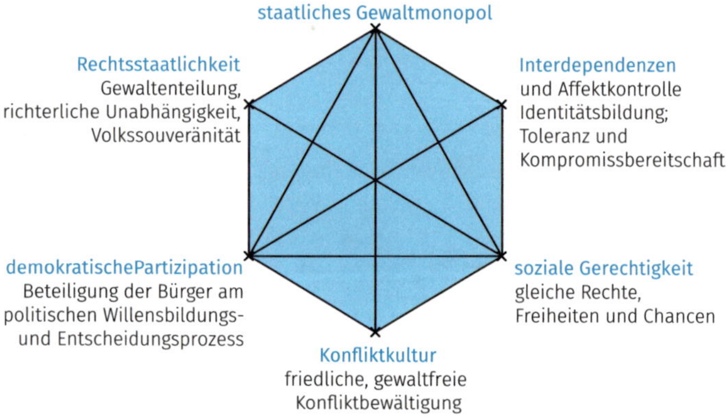

Das zivilisatorische Hexagon von Dieter Senghaas als Zielkonzept der Zivilisierung

1	Anarchische Staatenwelt: Staaten mit Streben nach Macht und nach Verbesserung ihrer Position – das Sicherheitsdilemma bestimmt das Handeln der Staaten.
2	Horizontal selbst organisierte Staatenwelt: agieren mittels Abkommen und Verträgen bi- bzw. multilateral – die Nicht-Einhaltung von Abkommen kann kaum sanktioniert werden.
3	Hegemoniale Staatenwelt: Individuelles, ungeteiltes und unkontrolliertes Gewalt- und Machtmonopol bei einem einzigen Hegemonialstaat – Erzwingung von Gehorsam und Gefolgschaft.
4	Weltstaat-Ordnung: Abgegebene Souveränität aller Staaten an eine überstaatliche, demokratisch-parlamentarisch kontrollierte Autorität mit Sanktionskraft durch Gerichte, Polizei, Militär.

Das Modell des Global Governance fußt auf dem Wunsch die grenzüberschreitenden wirtschaftlichen, kulturellen, sozialen Probleme nicht mehr einzelstaatlich, sondern gesamtstaatlich im Rahmen der Staatengemeinschaft zu lösen.

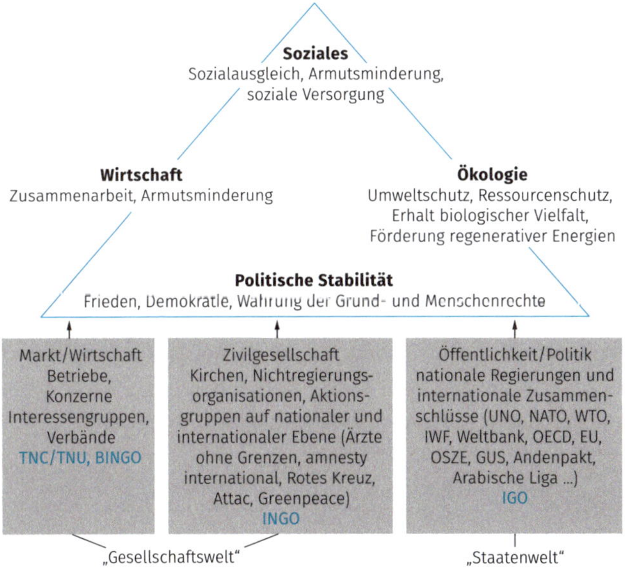

Das Zieldreieck nachhaltiger Entwicklung

Internationales Recht als Völkerrecht

ZENTRALE BEGRIFFE

Völkerrecht ist ein durch Vertrag oder Gewohnheitsrecht begründetes Recht, welches in Friedens- und Kriegszeiten die Rechte und Pflichten der Staaten und sonstiger Rechtssubjekte, wie z. B. Kirchen, internationale Organisationen u. a., zueinander regelt. Die Basis des Völkerrechts ist die Charta der Vereinten Nationen aber auch Gewohnheitsrecht.

Ziele im Völkerrecht gemäß der Präambel der Charta der Vereinten Nationen

- Künftige Geschlechter sollen vor der Geißel des Krieges bewahrt werden.
- Der Glauben an die Grundrechte des Menschen, an Würde und Wert der menschlichen Persönlichkeit, an die Gleichberechtigung von Mann und Frau sowie von allen Nationen, ob groß oder klein, wird bekräftigt.
- der Wille zu sozialem Fortschritt und einem besseren Lebensstandard in größerer Freiheit
- Duldsamkeit zu üben und als gute Nachbarn in Frieden miteinander zu leben
- Kräfte zu vereinen, um den Weltfrieden und die internationale Sicherheit zu wahren
- Waffengewalt nur noch im gemeinsamen Interesse anwenden
- internationale Einrichtungen in Anspruch zu nehmen, um den wirtschaftlichen und sozialen Fortschritt aller Völker zu fördern

Völkerrecht regelt		
zwischenstaatlichen Verkehr als Diplomatie	Vertragsrecht und Streitschlichtung	Gerichtsbarkeit

Völkerrecht umfasst		
die Abgrenzungen von Staatsgebieten	die Rechtsverhältnisse auf hoher See und in der Luft	Bestimmungen über Entstehung oder Auflösung von Staaten
das Verbot von Angriffskriegen	Mittel zur Kriegsverhütung	rechtliche Beschränkungen für die Kriegsführung

1	**Internationaler Strafgerichtshof (IStGH/ICC)** Gründung 11.3.2011, Sitz: Den Haag/NL eigenständiger Gerichtshof als Ergänzung nationaler Gerichte Zuständigkeit: Völkermord, Verbrechen gegen die Menschlichkeit, Kriegsverbrechen, Verbrechen der Aggression. Weltgericht: Kriegsverbrechertribunale für das ehem. Jugoslawien, Ruanda Höchststrafe: Lebenslange Freiheitsstrafe; Todesstrafe ist ausgeschlossen
2	**Internationaler Gerichtshof (IGH=ICJ)** Sitz: Den Haag/NL Staaten können als Parteien auftreten. Unterwerfung der Staaten unter das Gericht kann nicht erzwungen werden.
3	**Internationaler Seegerichtshof (ISGH)** Verfahrensparteien sind Staaten, internationale Organisationen, natürliche oder juristische Personen Aufgabe: Klärung seerechtlicher Streitigkeiten, z. B. Seegrenze zwischen Bangladesch und Myanmar (2012), Freigabe beschlagnahmter Schiffe wegen illegaler Fischerei oder Verletzung von Hoheitsgewässern

UN-Sondertribunale

- Jugoslawien-Tribunal (ICTY)
  - → Verbrechen gegen die Menschlichkeit auf ehemaligen Staatsgebiet Jugoslawiens
  - → Angeklagter u.a. der ehemalige Staatspräsident Slobodan Milošević
- Ruanda-Tribunal (ICTR)
  - → 45 Verurteilungen wegen des Völkermordes an der Tutsi-Minderheit (800 000 Ermordete)

UN-Sondertribunale

- Sierra-Leone-Tribunal (SCSL)
  → Verurteilungen des Guerillaführers Charles Taylor und des Staatspräsidenten Liberias wegen Verbrechen gegen die Menschlichkeit
- Kambodscha-Tribunal
  → nach 30jähriger Schreckensherrschaft der Roten Khmer Verurteilungen wegen Verbrechen gegen die Menschlichkeit
- Hairi-Tribunal
  → Zur Aufklärung des Mordes an dem libanesischen Regierungschef Rafik al-Hariri und 21 weiteren Todesopfern (2005) ohne erfolgreichen Abschluss. Der Prozess ruht seit Jahren.

INTERNATIONALE KONFLIKTE: KRIEG, FRIEDEN UND SICHERHEIT — Checkliste

→ Verschaffen Sie sich einen Überblick über kriegerische Auseinandersetzungen im 21. Jahrhundert.
→ Befassen Sie sich mit möglichen Ursachen von Kriegen und kriegsähnlichen Konflikten sowie Konfliktpotenzialen, die zu solchen Auseinandersetzungen führen können.
→ Beurteilen Sie, inwieweit es ein Recht auf Krieg gibt und ein Krieg gerecht sein kann.
→ Beschreiben Sie das System der Vereinten Nationen und benennen Sie seine Organe.
→ Benennen Sie die Aufgaben der UN.
→ Befassen Sie sich mit wichtigen wirtschaftlichen, politischen und militärischen Bündnissen.
→ Was versteht man unter Global Governance.
→ Definieren Sie den Begriff Völkerrecht und zeigen Sie die Gebiete, die das Völkerrecht umfasst.
→ Setzen Sie sich mit IStGH, IGH, ISGH auseinander und klären Sie deren Aufgaben.
→ Befassen Sie sich mit Prozessen, die vor dem IStGH geführt wurden.

WIRTSCHAFTSSYSTEME – WIRTSCHAFTSORDNUNGEN

Wirtschaftssysteme

ZENTRALE BEGRIFFE

- Eine **Wirtschaftsordnung** ist die realisierte Ordnung einer Volkswirtschaft, die sich mehr oder weniger an eines der Wirtschaftssysteme anlehnt.
- Die **Soziale Marktwirtschaft** ist eine Wirtschaftsordnung, die das Prinzip der Freiheit auf dem Markt mit dem Prinzip des sozialen Ausgleichs verbindet.

Wirtschaftssysteme sind theoretische Modelle, die beschreiben, wie Volkswirtschaften organisiert sein können. Im Wesentlichen unterscheidet man zwei Formen.

	Zentralverwaltungswirtschaft	Freie Marktwirtschaft
geistige Grundlage	Sozialismus/Kommunismus	Liberalismus
Grundprinzip	Kollektivismus	Individualismus
Eigentum	Kollektiveigentum	Privateigentum
Planung	zentral	dezentral
Ziele	Planerfüllung	Gewinnmaximum
Preis-/Lohnbildung	durch die Behörde	durch den Markt
Rolle des Staates	alle Entscheidungsgewalt	„Nachtwächterstaat“
Investitionsentscheidungen	trifft die Planbehörde	treffen Unternehmen
Produktionssteuerung	Planerfüllung	durch den Markt
Güter	festgelegtes Angebot	freie Güterwahl
Außenhandel	staatliches Außenhandelsmonopol	Ex- und Import nach Wahl der Marktteilnehmer

Nach dem Ende des Zweiten Weltkriegs bildeten sich die beiden deutschen Staaten heraus. Unter dem Einfluss der westlichen Alliierten (unter Führung der USA) einerseits und der Sowjetunion andererseits wurden unterschiedliche Wirtschaftsordnungen installiert.

In der **DDR** wurde eine Planwirtschaft aufgebaut, die sich an den Ideen der **Zentralverwaltungswirtschaft** orientierte.

In der **Bundesrepublik Deutschland** entstand die **Soziale Marktwirtschaft**, eine Wirtschaftsordnung, die sich an den Ideen der Freien Marktwirtschaft orientiert.

Situation nach dem Zweiten Weltkrieg

- 8. Mai 1945: Sieg der Alliierten, Ende des Zweiten Weltkriegs
- 65 Millionen Kriegstote, darunter über 6 Millionen Deutsche Gefallene und zivile Opfer
- unzählige Flüchtlinge und Vertriebene
- Die Währung (Reichsmark) war ohne realen Gegenwert.
- Das Nahrungsmittelangebot konnte die Bevölkerung nicht versorgen. Lebensmittel wurden rationiert und über Lebensmittelkarten verteilt.
- Entstehung von Schwarzmärkten
- sogenannte Hamsterfahrten von den Städten aufs Land, um Lebensmittel zu erbetteln oder gegen Wertgegenstände zu tauschen
- Entwicklung der Planwirtschaft in der DDR
- Soziale Marktwirtschaft in der Bundesrepublik Deutschland
Konzept entwickelt von der Freiburger Schule;
umgesetzt von Ludwig Erhard (Wirtschaftsminister)
- Währungsreform 1948 (die Einführung der DM in den drei westlichen Besatzungszonen diente der sowjetischen Verwaltung als (Mit-)begründung der Berlin-Blockade, während der die drei westlichen Berliner Sektoren durch die Luftbrücke versorgt werden mussten.

Elemente der Sozialen Marktwirtschaft

Freiheitliche Elemente	Soziale Elemente
Art. 2 (1) GG Freie Entfaltung der Persönlichkeit	Art. 20 (1), 28 (1) Sozialstaatsprinzip
Art 8 (1), 9 (3) GG Versammlungsfreiheit, Koalitionsfreiheit, Tarifautonomie	Art 109 (2) Beachtung des gesamtwirtschaftlichen Gleichgewichts
Art 11 (1), 12 (1) GG Aufenthaltsfreiheit, Freizügigkeit, Freiheit der Berufswahl	Art 15 GG Grund und Boden können ggf. in Gemeineigentum überführt werden
Art 14 (1) Recht auf Privateigentum und Erbrecht	Art 14 (2) Sozialpflichtigkeit des Eigentums
Art 1, 5 GG Unantastbarkeit der Menschenwürde, Recht auf freie Meinungsäußerung und Information	Art 14 (3) Enteignungsmöglichkeit zugunsten des Allgemeinwohls

Aufgaben des Staates in der Sozialen Marktwirtschaft

- Wettbewerbspolitik: gesetzlicher Rahmen zum Erhalt des Marktes und des Wettbewerbes
  → z. B. Kartellgesetz
- Konjunktur-, Wachstums-, Struktur-, Umweltpolitik: Unerwünschte Marktergebnisse sollen korrigiert werden.
  → z. B. Investitionsprogramme, um konjunkturell schwache Phasen zu überwinden
- Sozialpolitik, Vermögens- und Verteilungspolitik: Unterstützung der Schwächeren der Gesellschaft
  → z. B. Zahlung von Sozialleistungen

Volkswirtschaftliche Ziele der Sozialen Marktwirtschaft

- Ziele des § 1 des Gesetzes zur Förderung der Stabilität und des Wachstums der Wirtschaft (Stabilitätsgesetz, 1967): Preisniveaustabilität, hoher Beschäftigungsstand, außenwirtschaftliches Gleichgewicht, angemessenes und stetiges Wirtschaftswachstum.
- Da diese Ziele kaum alle gleichzeitig erreichbar sind, wird diese Zielvorgabe oft als magisches Viereck bezeichnet.

Preisniveaustabilität

Durchschnitt der Preise bei schwankenden Einzelpreisen soll konstant bleiben.

- Ziel des Europäischen Systems der Zentralbanken (ESZB): Preisstabilität bedeutet eine Preissteigerung nahe aber unter 2 %
- Ermittlung des harmonisierten Verbraucherpreisindex (HVPI) für die EU, Norwegen, Island und die Schweiz, um die Inflationsraten international vergleichen zu können.
- Messung mithilfe eines fiktiven Warenkorbs, der 600 unterschiedlich gewichtete repräsentative Waren enthält, Anpassung des Warenkorbs alle fünf Jahre, um Änderungen von Verbrauchergewohnheiten Rechnung zu tragen.

Hoher Beschäftigungsstand

Zahl der Beschäftigungslosen soll möglichst gering sein.

- Arbeitslos im Sinne der amtlichen Statistik ist eine Erwerbsperson, die vorübergehend nicht in einem Beschäftigungsverhältnis steht oder nur geringfügig beschäftigt ist und sich persönlich bei der Agentur für Arbeit als arbeitsuchend gemeldet hat.
- Vier Arten von Arbeitslosigkeit: friktionelle (Sucharbeitslosigkeit, kurzfristig, beispielsweise bei Wechsel des Arbeitsplatzes), saisonale (Schwankungen während eines Jahres, beispielsweise Brachliegen der Baubrache im Winter), konjunkturelle (aufgrund von Wirtschaftsschwankungen), strukturelle (aufgrund von grundsätzlichen Veränderungen der Wirtschaftsstruktur, z.B. Auflösung der DDR und Überführung eines planwirtschaftlichen in ein marktwirtschaftliches System)
- Eine Arbeitslosenquote von unter 4% gilt als Vollbeschäftigung.

Außenwirtschaftliches Gleichgewicht

Gold- und Devisenzuflüsse sollen mittelfristig den Abflüssen entsprechen.

- Messung mithilfe der Zahlungsbilanz
- Teilbilanzen der Leistungsbilanz: Handelsbilanz, Dienstleistungsbilanz, Bilanz der Primäreinkommen, Bilanz der Sekundäreinkommen
- Zielprojektion BRD: Handelsbilanzüberschuss i. H. v. ca. 1,5 bis 2 % des BIP, da die Dienstleistungsbilanz und Bilanz der Sekundäreinkommen strukturell defizitär sind.

Angemessenes und stetiges Wirtschaftswachstum

Steigerung des realen BIP gegenüber dem Vorjahr soll in nicht zu großen Sprüngen erfolgen.

- Umstrittenes Ziel, weil Wachstum mit vielen negativen Begleiterscheinungen einhergeht.
- Pro: begünstigt Wohlstandserhalt oder -steigerung, verschafft dem Staat Einnahmen und erweitert damit den Handlungsrahmen des Staates.
- Contra: Ressourcenverbrauch, Umweltbelastung

Abi Tipp

AKTUELLES IST WICHTIG

- Verfolgen Sie den Stand der Zielerreichung der volkswirtschaftlichen Ziele.
  → Im Abitur werden eher aktuelle Gegebenheiten von Bedeutung sein.

Erweiterung des magischen Vierecks zum magischen Achteck

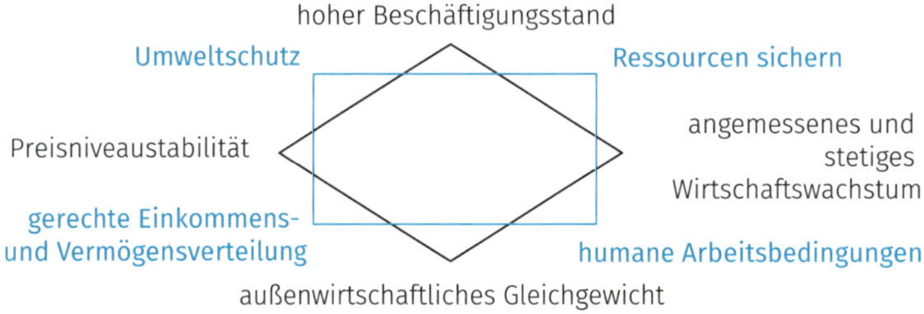

Das magische Achteck

Mögliche Zielbeziehungen		
Komplementäre Ziele	**Konkurrierende Ziele**	**Indifferente Ziele**
Ziele begünstigen sich gegenseitig. → Beispiel Angemessenes und stetiges Wirtschaftswachstum ergibt sich durch vermehrte Aufträge. Zur Erfüllung der Aufträge werden Arbeitskräfte benötigt. Dies begünstigt einen hohen Beschäftigungsstand.	Ziele behindern sich gegenseitig. → Beispiel Angemessenes und stetiges Wirtschaftswachstum kann zur Auslastung der Produktionsfaktoren und zu Engpässen in der Produktion führen. Durch Abwälzung auf die Preise ist das Preisniveau in Gefahr.	Ziele berühren sich nicht. → Beispiel Eine gerechte Einkommens- und Vermögensverteilung beeinflusst Umweltziele nicht.

WIRTSCHAFTSSYSTEME – WIRTSCHAFTSORDNUNGEN **Checkliste**

- → Vergleichen Sie die Wirtschaftssysteme Zentralverwaltungswirtschaft und freie Marktwirtschaft miteinander.
- → Grenzen Sie die Begriffe Wirtschaftssysteme und Wirtschaftsordnungen gegeneinander ab.
- → Grenzen Sie die unterschiedlichen Arten der Arbeitslosigkeit gegeneinander ab.
- → Überprüfen Sie die Zielerreichung der Ziele des Stabilitätsgesetzes.
- → Diskutieren Sie die Zielbeziehungen der Ziele des magischen Vierecks zueinander.
- → Stellen Sie fest, welche Arten der Arbeitslosigkeit in der Bundesrepublik besonders problematisch sind, und entwickeln Sie Lösungsmöglichkeiten zum Abbau der Arbeitslosigkeit.
- → Überprüfen Sie die Leistungsbilanz der Bundesrepublik Deutschland und erklären Sie, wie sich die üblicherweise defizitären Teilbilanzen erklären lassen.
- → Begründen Sie die Notwendigkeit des Ziels der Preisniveaustabilität.
- → Erklären Sie, warum das Ziel „angemessenes und stetiges Wirtschaftswachstum“ kritisch gesehen werden kann.

DER WIRTSCHAFTS-KREISLAUF

Grundlage der volkswirtschaftlichen Gesamtrechnung

Der Wirtschaftskreislauf bildet die Volkswirtschaft als Modell ab.

ZENTRALE BEGRIFFE

- **Bruttoinlandsprodukt** ist der Wert der Sachgüter und Dienstleistungen, die im Laufe einer Wirtschaftsperiode in den Landesgrenzen einer Volkswirtschaft erbracht werden.
- **Bruttonationaleinkommen** ist die Summe der Einkommen, die im Laufe einer Wirtschaftsperiode von Inländern im In- und Ausland erzielt werden.
- **Gesamtwirtschaftliches Angebot** ist die Gesamtheit der Güter, die Unternehmen in einer Volkswirtschaft bereitstellen.
- **Gesamtwirtschaftliche Nachfrage** ist die Menge an Gütern, die in- und ausländische Nachfrager auf Märkten einer Volkswirtschaft zu kaufen bereit sind.
- **Faktoreinkommen** ist das Einkommen, das in einer Volkswirtschaft für die Bezahlung von Produktionsfaktoren (Arbeit, Boden, Kapital) erzielt wird.

Grundlagen der Modellbildung

- Gleichartige Wirtschaftssubjekte, werden zu Sektoren zusammengefasst.
- Die Sektoren des Modells sind Unternehmen (U), Haushalte (H), Staat (St) und Ausland (Ausl.).
- Haushalte sind alle Wirtschaftssubjekte, die Endverbraucher sind, Unternehmen sind diejenigen, die Güter bereitstellen.
  Der Staat (Bund, Länder, Gemeinden) stellt öffentliche Güter bereit (Schulen, Krankenhäuser, Straßen, ...).

- Zusätzlich gibt es den Sektor Vermögensveränderung (VV), der nicht durch Aggregation gleicher Wirtschaftssubjekte entsteht, sondern eine Rechengröße ist, die die Vermögensveränderung erfasst.
- Gleichartige Transaktionen werden zu Strömen zusammengefasst.
- Es gibt Geld- und Güterströme.
- Da jedem Güterstrom ein gleichwertiger Geldstrom gegenübersteht, beschränkt sich das Modell auf die Darstellung der Geldströme.

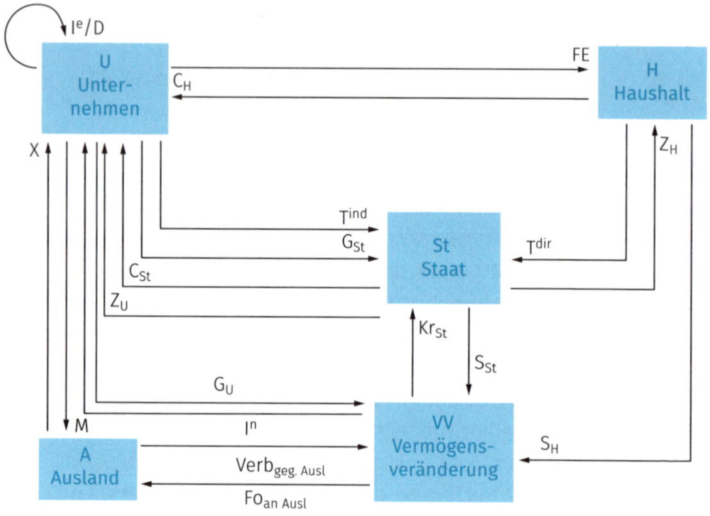

Modell des Wirtschaftkreislaufs

FE	Faktoreinkommen	C_{St}	Konsumausgaben des Staates
C_H	Konsumausgaben der Haushalte	G_U	Gewinne, die in den Unternehmen bleiben
S_H	Sparen der Haushalte	I^e	(D) Ersatzinvestitionen (= Abschreibungen)
Z_H	Transferzahlungen des Staates an die Haushalte (z. B. Kindergeld)	I^n	Nettoinvestitionen (= Neuinvestitionen)
T^{dir}	direkte Steuern („T“ von engl. taxes)	I^{br}	Bruttoinvestitionen = $I^n + I^e$
T^{ind}	indirekte Steuern	S_{St}	Sparen des Staates
Z_U	Transferzahlungen des Staates an die Unternehmen (z. B. Subventionen)	Kr_{St}	Kreditaufnahme des Staates
G_{St}	Gewinne des Staates (aus staatl. U)	X	Exporte
		M	Importe
		$Verb_{geg. Ausl}$	Verbindlichkeiten gegenüber dem Ausland
		$Fo_{an Ausl}$	Forderungen ans Ausland

Gesamtwirtschaftliches Gleich-/Ungleichgewicht

- Annahme: **Drei-Sektorenmodell mit U, H und VV**
- Ungleichgewicht am Anfang der Wirtschaftsperiode
- Durch unterschiedliche Wirtschaftspläne ergibt sich zu Beginn der Wirtschaftsperiode eine Ungleichgewichtssituation.

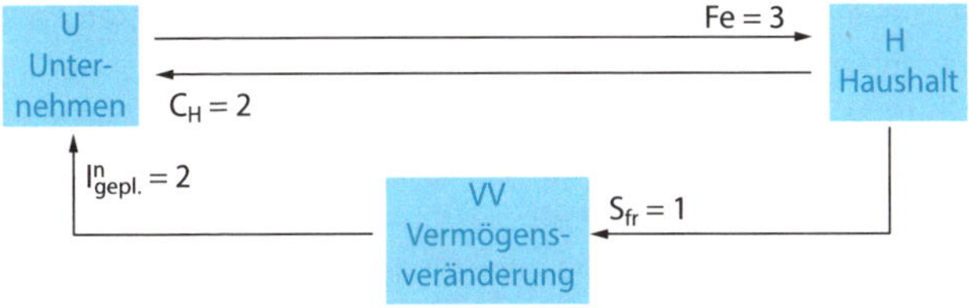

- H: $FE = C_H + S_H$ $3 = 2 + 1$, H planen 2 GE zu konsumieren und 1 GE zu sparen
- U: $FE = C_H + I^n$ $3 = 1 + 2$, U planen für 1 GE Güter bereit zu stellen und für 2 GE zu investieren
- ex ante: $S_{fr}(1\ GE) < I^n gepl(2\ GE)$
- Ausgleichsmechanismen:
- Realausgleich: $S_{real}(1\ GE) = I^n gepl(2\ GE) + I^n ungepl(-1\ GE)$ Unternehmer bauen ihr Lager ab. Das entspricht einer Negativinvestition

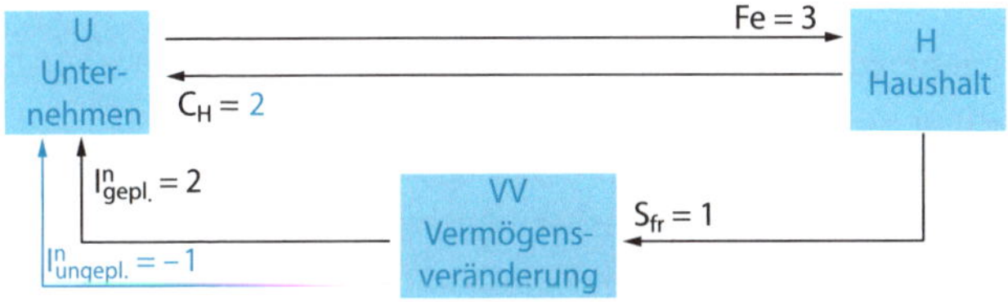

- Monetärer Ausgleich: $S_{fr}(1\ GE) + S_{unfr}(1\ GE) = I^n real(2\ GE)$ Unternehmer erhöhen die Preise. Das erhöht das Einkommen der Unternehmerhaushalte, die ungeplant deswegen ihre Ersparnis erhöhen.

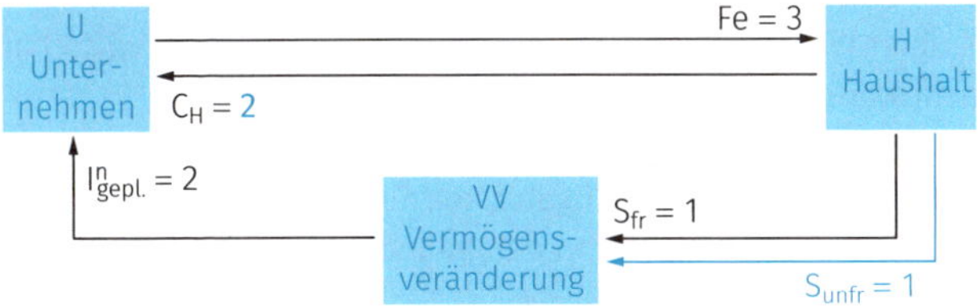

Verstärkereffekte

- **Multiplikatoreffekt:** Ein Multiplikator (m) gibt an, wie sich das Faktoreinkommen verändert (Δ Fe), wenn sich eine andere Größe [z. B. Investitionen (ΔI^n) oder Konsum (Δ C)] ändert.
  $\Delta FE = \Delta I^n \cdot m$ mit $m = 1 : (1 - c)$ c = Konsumquote
  Eine einmalige Nachfrageveränderung bewirkt in der nächsten Periode eine m-fache Veränderung des FE.
- Begründung: Die Ausgaben sind bei anderen Wirtschaftssubjekten Einnahmen. Erhöhte Einnahmen ermöglichen eine Konsumsteigerung.
- **Akzeleratoreffekt:** Ein Akzelerator (a) gibt an, wie sich die Stromgrößen, vor allem die Investitionen (ΔI^n), verändern, wenn sich die Nachfrage verändert (z. B. Δ C). $\Delta I^n = \Delta C \cdot a$
- Folge: Eine einmalige Nachfrageveränderung bewirkt in der nächsten Periode eine vielfache Veränderung von I^n.
  Konsumfunktion/Sparfunktion/Investitionsfunktion
- Verfügbares Einkommen: FE verf. = $FE + Z_U - T_{dir}$
- Sparquote: $s = S_H$: FE verf. (Anteil des Einkommens, das gespart wird)
- Sparfunktion: $S = -C_0 + (1 - c) \cdot FE$
- Konsumquote: $c = C_H$: FE verf. (Anteil des Einkommens, das verkonsumiert wird)
- $c + s = 1$
- Konsumfunktion: $C = C_0 + c \cdot FE$
- Investitionsquote: Anteil der Bruttoinvestitionen am BIP
- Investitionsfunktion: Beziehung zwischen der Höhe der Investitionsausgaben und der investitionsbeeinflussenden
  Größen (Multiplikator- und Akzeleratorprinzip)

Volkswirtschaftliche Gesamtrechnung

- Bruttoinlandsprodukt zu Marktpreisen:
  Das BIP ist der Wert aller Sachgüter und Dienstleistungen, die im Laufe einer Wirtschaftsperiode in den Grenzen einer Volkswirtschaft erbracht werden. $BIPm = C_H + C_{St} + I^{br} + X - M$
- Bruttonationaleinkommen:
  Das BIP ist der Wert aller Sachgüter und Dienstleistungen, die im Laufe einer Wirtschaftsperiode von den Inländern einer Volkswirtschaft erbracht werden.
  BNEm
  \+ Primäreinkommen der Inländer aus dem Ausland
  – Einkommen der Ausländer im Inland
  \+ Produktions- und Importabgaben an EU/Ausland
  – empfangene Subventionen aus EU/Ausland

- Nettonationaleinkommen zu Marktpreisen/Primäreinkommen
  Das BIP ist der Wert aller Sachgüter und Sienstleistungen, die im Laufe einer Wirtschaftsperiode von den Inländern einer Volkswirtschaft erbracht werden, bereinigt um die Ersatzinvestitionen.
  $NNEm = BNEm - I^e$
- Nettonationaleinommen zu Faktorkosten/Faktoreinkommen:
  Das NNE ist die Summe aller von Inländern innerhalb einer Wirtschaftsperiode im In- und Ausland erzielten Erwerbs- und Vermögenseinkommen. $FE = NNEm - T_{ind} + Z_U$
- Nettoproduktionswert/Bruttowertschöpfung $NPW = BIPm - T_{ind} + Z_U$
- Gesamtwirtschaftliches Angebot: Gesamtwirtschaftliches Angebot beschreibt die Menge an Gütern, die die Anbieter innerhalb einer Wirtschaftsperiode produzieren. $A = BPW + M$
- Gesamtwirtschaftliche Nachfrage: Die gesamtwirtschaftliche Nachfrage ist der von Nachfragern einer Volkswirtschaft am Markt geäußerte kaufkräftige Bedarf nach Sachgütern und Dienstleistungen.
  $N = C_H + C_{St} + I^{br} + X$
- Bruttoinlandsprodukt BIP:
  Entstehungsrechnung:
  $BIPm = BPW - V + T_{ind} - Z_U$ (V = Vorleistungen)
- Verwendungsrechnung: $BIPm = C_H + C_{St} + I^{br} + X - M$
- Verteilungsrechnung: $BIPm = L + G + D + T_{ind} - Z_U$
- Faktoreinkommen: $FE = L + G$

DER WIRTSCHAFTSKREISLAUF

Checkliste

Dieses Kapitel liefert gesamtwirtschaftliche Größen, die als Handwerkszeug an verschiedenen Stellen der Volkswirtschaftslehre verfügbar sein müssen.

→ Fassen Sie die Voraussetzungen des Modells des Wirtschaftskreislaufs zusammen.
→ Erstellen Sie das Kreislaufmodell mit fünf Sektoren.
→ Klären Sie die Ausgleichsmechanismen (Realausgleich und monetärer Ausgleich) in Ungleichgewichtssituationen im Kreislaufmodell.
→ Beschreiben Sie Multiplikator- und Akzeleratoreffekte.
→ Klären Sie die Begriffe Spar-/Investitions-/Konsumquote sowie Spar-/Investitions-/Konsumfunktion.
→ Klären Sie die Begriffe Bruttoinlandsprodukt (Entstehungs-, Verteilungs- und Verwendungsrechnung), Brutto- und Nettonationaleinkommen, Nettoproduktionswert, gesamtwirtschaftliches Angebot und gesamtwirtschaftliche Nachfrage.

KONJUNKTUR

Arten von Wirtschaftsschwankungen

ZENTRALER BEGRIFF

Wirtschaftsschwankungen sind Veränderungen des realen Bruttoinlandsprodukts einer Wirtschaftsperiode gegenüber der vorherigen.

- **konjunkturelle Schwankungen**, d. h. mittelfristige Schwankungen im Laufe einiger Jahre
- **saisonale Schwankungen**, Schwankungen während eines Jahres (Baubranche liegt in Frostperioden brach, Skilifte werden nur im Winter betrieben, Erntehelfer werden zur Erntezeit gebraucht).

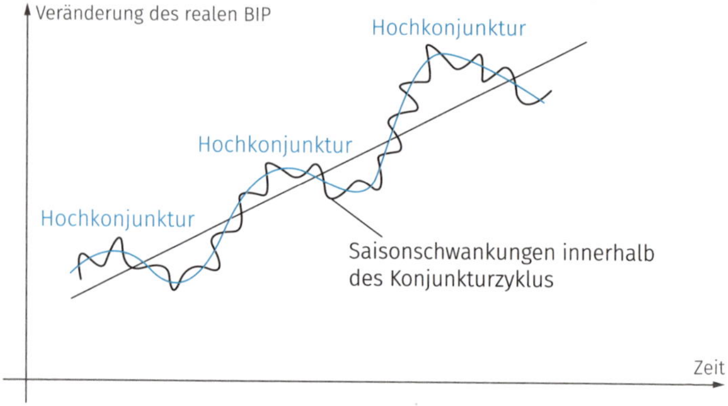

- **Kondratieffzyklen**, langfristige Schwankungen über mehrere Jahrzehnte, ausgelöst durch initiale Erfindungen (z. B. Dampfmaschine, Automobil)

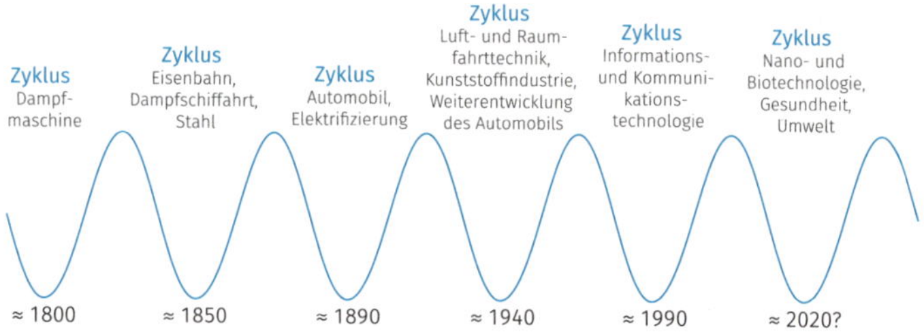

ZENTRALER BEGRIFF

Konjunktur beschreibt mittelfristige Wirtschaftsschwankungen über einige Jahre hinweg, die an der Veränderung des realen Bruttoinlandsprodukts (BIP) gegenüber dem Vorjahr gemessen wird.

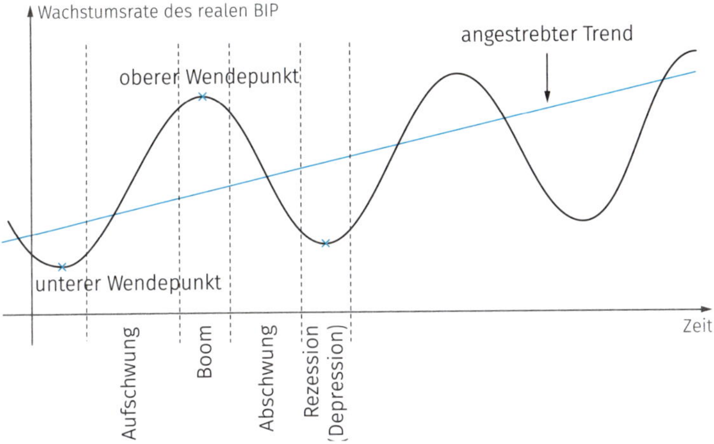

Kennzeichen der Konjunkturphasen			
Aufschwung	**Hochkonjunktur**	**Rezession**	**Depression**
Konsum der Haushalte und Investitionen der Unternehmen steigen.	hoher Beschäftigungsgrad, z. T. Überbeschäftigung,	Konsum der Haushalte stagniert oder sinkt, Investitionen der Unternehmen gehen zurück.	geringe Nachfrage der Haushalte, geringe Investitionsneigung der Unternehmen
Faktoreinkommen steigen, Beschäftigung steigt.	Engpässe in der Produktion	Lagerbestände wachsen.	geringe Kapazitätsauslastung
	Preise steigen.	Arbeitslosigkeit steigt.	hohe Arbeitslosigkeit

ZENTRALER BEGRIFF

Konjunkturindikatoren sind Messgrößen, die dazu geeignet sind, Aussagen über die Konjunkturphase zu treffen, in der sich eine Volkswirtschaft befindet.

Frühindikatoren	Präsensindikatoren	Spätindikatoren
Laufen der Konjunkturphase voraus	Laufen mit der Konjunkturphase	Laufen der Konjunkturphase hinterher
	Mengenindikatoren	
Geschäftsklimaindex Baugenehmigungen Auftragseingänge Konsumklimaindex	BIP Nachfrage Export Produktion Kapazitätsauslastung Auslastung der Produktionsfaktoren	Arbeitslosigkeit Lagerhaltung
	Preisindikatoren	
–	–	Lohnentwicklung Preisentwicklung Zinsen Aktienkurse

ZENTRALER BEGRIFF

Geschäftsklimaindex ist ein Index, der sich aus der Beurteilung der Entwicklung der Geschäftslage zahlreicher Unternehmen ergibt. Obwohl er ein Indikator ist, der subjektives Empfinden abbildet, ist er ein prägender Indikator, da das Verhalten der Wirtschaftssubjekte wesentlich an den Zukunftserwartungen hängt. Ebenso verhält es sich mit dem Konsumklimaindex.

Abi Tipp

AUF DIE RICHTIGE INTERPRETATION KOMMT ES AN

Konjunkturindikatoren helfen bei der Analyse der Konjunktur. Einzelne Indikatoren können sich aber atypisch verhalten, weil nicht jede Schwankung der Indikatoren konjunkturell bedingt ist. Für eine Analyse müssen folglich viele Indikatoren betrachtet werden.

Ursachen von Konjunktur-schwankungen

Endogene Theorien		Exogene Theorien
Ursachen von Konjunkturschwankungen liegen …		
innerhalb des marktwirtschaftlichen Systems.		außerhalb des marktwirtschaftlichen Systems.
Monetäre Theorie	Reale Theorie	• Erfindungen • Naturkatastrophen • psychologische Gründe
Geldmengenveränderungen lösen die Konjunkturphase aus.	Gütermengenveränderungen lösen die Konjunkturphase aus.	
	Überinvestitionstheorie: Investitionen im Aufschwung oder Boom führen zu einer Kapazitätserweiterung, schließlich Sättigung an Investitionen. Abschwung wird eingeleitet.	
	Unterkonsumtionstheorie: Zu geringer Konsum leitet den Abschwung ein.	

Wesentliche Rezessionsphasen in der Bundesrepublik Deutschland

1	1966/67: Die Versorgung war 20 Jahre nach Kriegsende soweit hergestellt, dass die Nachfrage zurückging.
2	1974/75: Lieferboykott der OPEC löste eine Ölkrise aus.
3	1981/82: Der politische Umsturz im Iran brachte den Ölhandel mit dem Iran, dem damals zweitgrößten Ölexporteur, zum Erliegen.

4	1993/94: Hohe Inlandsnachfrage wegen des Nachholbedarfs nach der Wiedervereinigung war befriedigt, sodass die Nachfrage erheblich zurückging.
5	2008/09: Weltwirtschaftskrise ausgelöst durch die Finanzkrise in den USA, die mit dem Zusammenbruch der Investmentbank Lehmann Brothers begann.

Grenzen von Konjunkturanalysen und-prognosen

1	Unerwartete Ereignisse, wie Terroranschläge, Naturkatastrophen, ... verfälschen die getroffenen Konjunkturprognosen.
2	Unerwartete wirtschaftspolitische Entscheidungen beeinflussen den Konjunkturverlauf unvorhersehbar (z. B. Energiewende in Deutschland nach dem Atomreaktorunfall in Fukushima).
3	Konjunkturdaten basieren auf statistischen Erhebungen und enthalten damit Ungenauigkeiten.
4	Konjunkturanalysen und -prognosen unterliegen zeitlichen Verzögerungen (*time lags*): *recognition lag* (Zeitspanne vom Auftreten des Problems bis zum Erkennen dessen), *action lag* (Phase, in der Entscheidungen getroffen werden, um die konjunkturelle Problemlage zu beheben), *efficiency lag* (Zeitspanne, die vergeht, bis die getroffenen Maßnahmen ihre Wirkung entfalten)
5	Überlagernde Ereignisse: Wirtschaftliche Problemlagen sind nicht ausschließlich konjunktureller Natur. Nicht unwesentlich sind etwa strukturelle Probleme. Diese lassen sich nicht klar von konjunkturellen Gegebenheiten abgrenzen, aber auch nicht mit konjunktursteuernden Maßnahmen lösen.

KONJUNKTUR **Checkliste**

- → Grenzen Sie unterschiedliche Wirtschaftsschwankungen voneinander ab.
- → Definieren Sie den Begriff „Konjunktur".
- → Unterscheiden Sie Konjunkturindikatoren nach dem Faktor Zeit und nach Art.
- → Erläutern Sie verschiedene Erklärungsansätze zu Konjunkturschwankungen.
- → Zeigen Sie die Grenzen der Konjunkturanalyse.
- → Führen Sie eine Konjunkturanalyse auf der Basis unterschiedlicher Konjunkturindikatoren durch. Verwenden Sie dazu aktuelle Quellen, wie den Monatsbericht der Deutschen Bundesbank oder aktuelle Pressemeldungen.

FISKALPOLITIK

Konzepte und Grenzen

ZENTRALER BEGRIFFE

Fiskalpolitik ist der Oberbegriff für alle Maßnahmen, die der Staat als Träger der Politik (Bund, Länder und Gemeinden) mithilfe der Einnahmen und Ausgaben ergreift, um auftretende Konjunkturschwankungen zu glätten.

Staatseinnahmen	Staatsausgaben
Direkte und indirekte Steuern (z. B. Mehrwertsteuer, Einkommensteuer)	Transferzahlungen an Haushalte (z. B. Kindergeld)
Beträge, Gebühren	Subventionen an Unternehmen
Münzeinnahmen	Zahlungen an das Ausland
Entnahme aus Rücklagen	Konsum des Staates (Erwerb öffentlicher Güter, z. B. Straßenbau)
ggf. Kreditaufnahme	Zinszahlungen, ggf. Tilgungsleistungen

Das Haushaltsbuch des Bundes

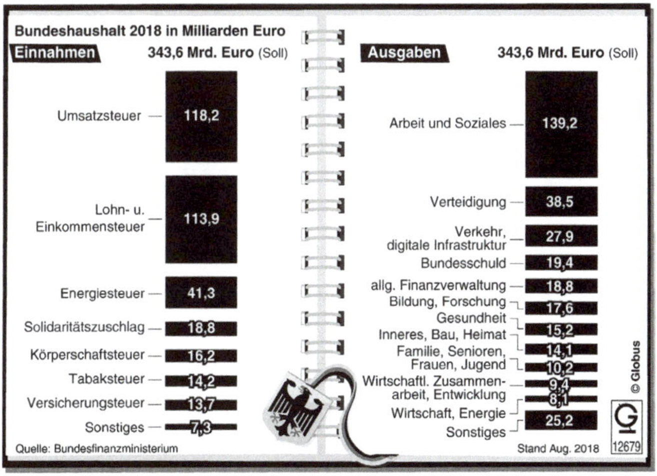

Konzepte der Wirtschaftspolitik

Fiskalismus – nachfrageorientierte Wirtschaftspolitik

- Gesamtwirtschaftliche Nachfrage ist entscheidend für den wirtschaftlichen Erfolg.
- Marktkräfte reichen für die Regulierung des Marktes nicht aus, staatliches Eingreifen ist erforderlich.
- Regulierung durch Einnahmen und/oder Ausgabenpolitik
- Vertreter: John Maynard Keynes
  (1883–1946) britischer Politiker, Mathematiker und Ökonom.
- Träger: Staat

Maßnahmen in der Rezession

→ Erhöhung der Staatsnachfrage
→ Senkung der Steuern, um Haushalten und Unternehmen die Möglichkeit der Nachfrageerhöhung zu geben
→ ggf. *deficit spending*, d.h. Kreditaufnahme

Maßnahmen im Aufschwung

→ Senkung der Staatsnachfrage
→ Erhöhung der Steuern
→ *surplus saving*, d.h. Kredite tilgen

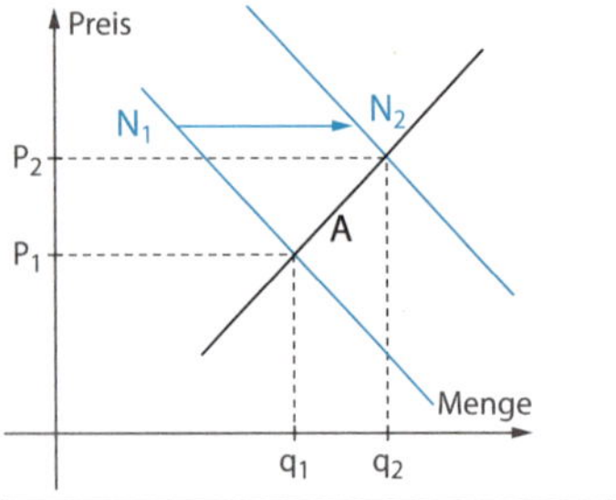

Rezessionsphase

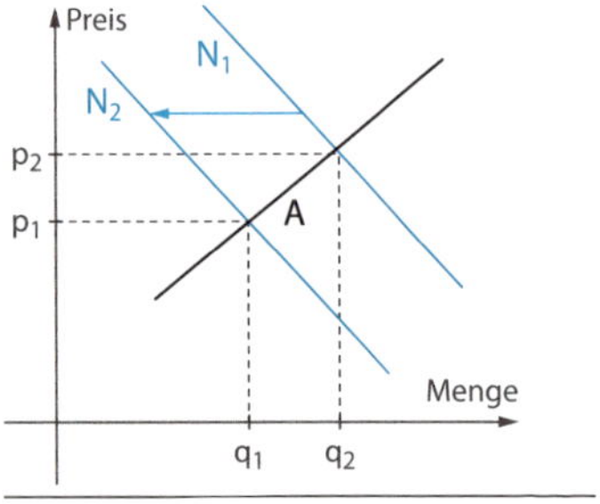

Aufschwungphase

Abi Tipp

WIE HOCH DARF DER STAAT SICH VERSCHULDEN?

Über diese Frage streiten sich Wissenschaftler und Politiker. Informieren Sie sich dazu etwa bei: http://www.bpb.de/nachschlagen/lexika/handwoerterbuch-politisches-system/202136/staatsverschuldung?p=all

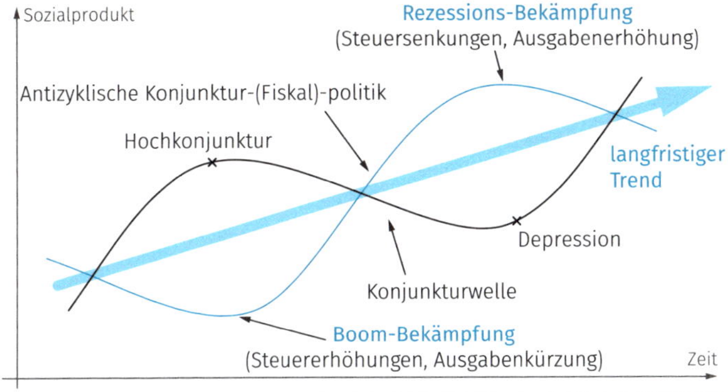

Antizyklische Fiskalpolitik

Angebotsorientierte Wirtschaftspolitik

- Gesamtwirtschaftliches Angebot ist entscheidend für den wirtschaftlichen Erfolg.
- Der Markt ist stabil und reguliert sich von selbst. Der Staat soll sich aus dem Marktgeschehen heraushalten, weil der Marktmechanismus durch staatliche Eingriffe außer Kraft gesetzt wird.
- Vertreter: Milton Friedman
  (1912–2006) US-amerikanischer Ökonom
- Aufgabe des Staates: Verbesserung der Rahmenbedingungen für die Unternehmen
  → Senkung der Unternehmenssteuern; Senkung der Lohnnebenkosten; Verbesserung der Rahmenbedingungen für Unternehmen. Träger: Staat

Monetarismus

- Geldmenge ist entscheidend für den wirtschaftlichen Erfolg.
- Staatliche Eingriffe zur Steuerung der Wirtschaft sind nicht vorgesehen.
- Träger: Europäische Zentralbank
- Die Steuerung der Geldmenge ist entscheidend für den wirtschaftlichen Erfolg. Die EZB kann die Geldmenge variieren, indem sie durch geldpolitische Maßnahmen, wie Zinsvariation, das Angebot, Kredite zu nehmen attraktiver macht bzw. bei restriktiver Geldpolitik unattraktiver macht, indem sie die Zinsen senkt/erhöht. Die EZB ist jedoch die Bank der Banken, sodass die Maßnahmen immer nur mittelbar auf Haushalte und Unternehmen wirken.

Grenzen der Fiskalpolitik

1	Gefahr von Fehlerquellen in den statistischen Erhebungen. Fehleinschätzungen können zu falschen Entscheidungen führen.
2	*Time lags (recognition lag, action lag, efficiency lag)*: Vom Zeitpunkt der Wahrnehmung des Problems bis zur Wirkung beschlossener Maßnahmen vergeht ggf. zu viel Zeit, sodass die Maßnahmen kontraproduktiv sind, weil die Maßnahmen möglicherweise erst greifen, wenn sich die Konjunkturlage bereits gewandelt hat
3	Kreditfinanzierte Fiskalpolitik ruft einen *Crowding-Out*-Effekt hervor, d. h. Privatleute werden vom Staat vom Kreditmarkt verdrängt.
4	Kreditaufnahmen beschränken den Handlungsspielraum des Staates, da Zins- und Tilgungsleistungen anstehen.
5	Wahltaktische Gründe blockieren sinnvolle wirtschaftspolitische Entscheidungen (z. B. werden Steuererhöhungen nicht in der Nähe von Wahlterminen beschlossen).

Abi Tipp

AKUTELLE BESCHLÜSSE DER EZB

Informieren Sie sich über die aktuellen wirtschaftpolitischen Beschlüsse der Regierung und der EZB, sodass Sie beurteilen könne, ob es sich um angebotsorientierte, nachfrageorientierte oder monetaristische Maßnahmen handelt.

FISKALPOLITIK — Checkliste

- Befassen Sie sich mit dem aktuellen Staatshaushalt. Erkundigen Sie sich, ob der Staatshaushalt derzeit ein *deficit spending* erfordert.
- Überprüfen Sie die Maßnahmen des Staates und beurteilen Sie, ob es sich um fiskalische oder anwendungsorientierte Maßnahmen handelt.
- Vergleichen Sie die wesentlichen Konzepte der Wirtschaftspolitik und beurteilen Sie, inwieweit diese Konzepte in der Rezession bzw. in Aufschwungphasen sinnvoll einsetzbar sind.
- Zeigen Sie die Grenzen von Fiskalismus, angebotsorientierter Wirtschaftspolitik und Monetarismus auf.

GELDPOLITIK

Beschlussorgane

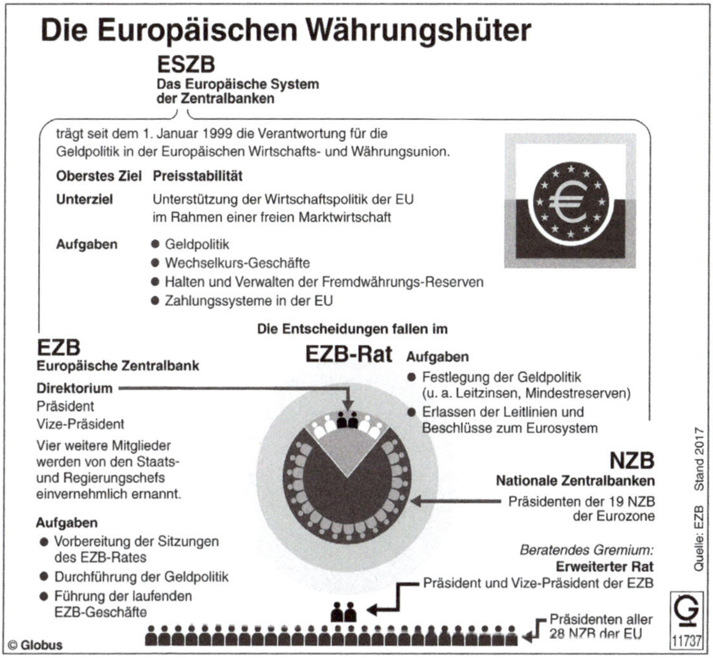

Seit der Erweiterung des Eurowährungsraums auf 19 Staaten herrscht im EZB-Rat ein Rotationssystem, das auch die Größe der Volkswirtschaften berücksichtigt. Von den 19 Präsidenten der Nationalen Zentralbanken stimmen jeweils nur 15 ab. Die verbleibenden vier Präsidenten nehmen dennoch an den Sitzungen des EZB- Rates teil.

Unabhängigkeit der EZB			
Funktionell	**Institutionell**	**Finanziell**	**Personell**
Verpflichtung zur Preisstabilität. Maßnahmen legt nur die EZB fest.	frei von politischen Weisungen	EZB kann frei über die von den Mitgliedsstaaten eingelegten Mittel verfügen.	Mitglieder auf acht Jahre gewählt, Wiederwahl nicht möglich

Geldpolitische Strategie

ZENTRALER BEGRIFF

Preisniveaustabilität ist nach Definition der EZB gegeben, wenn die Gesamtheit der Preise bei schwankenden Einzelpreisen um nahe aber unter 2% steigt. Messgröße ist ein Warenkorb mit repräsentativen Waren, der alle fünf Jahre an die Verbrauchergewohnheiten angepasst wird.

Zwei-Säulen-Strategie	
Wirtschaftliche Analyse	**Monetäre Analyse**
Analyse realwirtschaftlicher Indikatoren zur Ermittlung der kurz- und mittelfristigen Gefahren für die Preisstabilität	Überprüfung der Entwicklung der kurzfristigen, mittelfristigen und langfristigen Inflationstrends
z. B. Löhne, Wechselkurse, Geschäftsklimaindex, ...	Geldmenge (M1, M2, M3)

Weit abgegrenzte Geldmenge M_3:

- Geldmarktfondsanteile
- Geldmarktpapiere
- Schuldverschreibungen (mit einer Laufzeit bis zu 2 Jahren)
- Beträge aus Repogeschäften (= Wertpapiergeschäfte)

Mittlere Geldmenge M_2:

- Termineinlagen (mit einer Laufzeit bis zu 2 Jahren)
- Spareinlagen (mit einer Kündigungsfrist bis zu 3 Monaten)

Eng gefasste Geldmenge M_1:

- Bargeld
- Sichteinlagen (täglich in Bargeld umwandelbar oder für bargeldlose Zahlungen einzusetzen)

Geldpolitische Instrumente

Offenmarktgeschäfte – Zuteilungsverfahren	
Zinstender	**Mengentender**
vorgegebener Mindestzinssatz	vorgegebener Zinssatz
Geschäftsbanken geben Betragsgebote und Zinsgebote ab.	Geschäftsbanken geben Betragsgebote ab.
Zuteilung beginnend mit höchstem Zinsgebot, bis das zuzuteilende Geld aufgeteilt ist.	Zuteilung im Verhältnis der Gebote zur zuzuteilenden Menge

EZB-Zinsätze

seit 16. März 2016 (Stand 6/19)

Satz der Einlagefazilität: – 0.40 %
Satz der Hauptrefinanzierungsgeschäfte: 0,00 %
Satz der Spitzenrefinanzierungsfazilität: 0,25 %

ZENTRALE BEGRIFFE: HAUPTREFINANZIERUNGSGESCHÄFT

Offenmarktgeschäft,

- das wöchentlich durchgeführt wird,
- eine Laufzeit von einer Woche hat,
- im Standardtender durchgeführt wird, d.h. von der Ausschreibung des Offenmarktgeschäfts bis zur Geldzuteilung vergehen 24 Stunden.

LÄNGERFRISTIGES REFINANZIERUNGSGESCHÄFT

Offenmarktgeschäft,

- das monatlich durchgeführt wird,
- eine Laufzeit von drei Monaten hat.
- Auch sehr viel länger laufende Refinanzierungsgeschäfte wurden schon vergeben.
- Es wird im Standardtender durchgeführt.

FEINSTEUERUNGSOPERATIONEN

Offenmarktgeschäft,

- das unregelmäßig durchgeführt wird,
- die Laufzeit ist nicht standardisiert.
- Es wird im Schnelltender durchgeführt, d.h. von der Ausschreibung bis zur Geldzuteilung vergeht eine Stunde.
- Es soll feinsteuernd wirken, wenn die Geldzuteilung im Hauptrefinanzierungsgeschäft korrigiert werden soll.

Outright Monetary Transaction (OMT)

EZB kauft unbefristet Staatsanleihen über den Sekundärmarkt (z.B. die Börse) ein.

- liquiditätszuführendes Mittel
- Instrument, welches erst nach Auftreten der Finanzkrise von der EZB eingesetzt wurde.
- im ursprünglichen Katalog der geldpolitischen Maßnahmen nicht enthalten

Forward Guidance

EZB gibt Hinweise auf die zukünftige Geldpolitik, um Unsicherheiten vom Geldmarkt zu nehmen.

- Die Vorhersagen sind widerruflich. Jedoch wirken sie vertrauensschaffend.
- TLTRO ist das Kürzel für *„Targeted Longer-Term Refinancing Operation“*. Im Rahmen dieses Instrument werden längerfristige Refinanzierungsgeschäfte mit einer Laufzeit von mehreren Jahren abgewickelt. Ziel dieser Liquiditätsspritzen ist es, die Kreditvergabe im Währungsraum zu befeuern. Die aktuell vergebenen TLTROs wurden mit 0 % Zinsen und einer Laufzeit von vier Jahren vergeben. Wenn die Banken nachweislich eine höhere Kreditvergabe zeigten, wurde zudem eine Prämie von bis zu 0,4 % in Aussicht gestellt.

Maßnahmen und Wirkung der Geldpolitik

Geldpolitischer Transmissionsmechanismus

- Prozess, der durch die geldpolitischen Entscheidungen in Gang gesetzt wird und auf die Volkswirtschaft des Landes wirkt.
- Beschließt die EZB eine Zinsänderung, wirkt dies auf die Kreditvergabe, das Sparverhalten, das Investitionsverhalten, die Aktienkurse, die Wechselkurse, …

Ausrichtung der Geldpolitik

Expansive Geldpolitik	Kontraktive Geldpolitik
Maßnahmen	
• Senkung der Leitzinsen • Verlängerung der Kreditlaufzeiten • Ausweitung der Zuteilungsmenge • Senkung der Anforderungen an die Sicherheiten	• Erhöhung der Leitzinsen • Verkürzung der Kreditlaufzeiten • Beschränkung der Zuteilungsmenge • Verschärfung der Anforderungen an die Sicherheiten
Wirkung	
• Kreditvergabebereitschaft der Banken steigt. • vermehrte Kreditaufnahme der Unternehmen und Haushalte • Erhöhung der Investitionsbereitschaft und der Nachfrage nach Gütern	• Kreditvergabebereitschaft der Banken sinkt. • verminderte Kreditaufnahme der Unternehmen und Haushalte • Senkung der Investitionsbereitschaft und der Nachfrage nach Gütern
expansiver Effekt	kontraktiver Effekt

Abi Tipp

AKTUELLES WISSEN IST NÖTIG

Informieren Sie sich vor der Abiturprüfung über die aktuellen geldpolitischen Beschlüsse der EZB, um entscheiden zu können, ob gerade ein expansiver oder kontraktiver Kurs gefahren wird.

Grenzen der Geldpolitik

Beispiel expansive Geldpolitik

1	Maßnahmen verpuffen in einer Niedrigzinsphase
2	Banken müssen die geringen Zinsen der EZB nicht an die Kreditnehmer weitergeben.
3	Wirkungsverzögerungen (*time lags*)
4	In wirtschaftlich unsicheren Zeiten werden Unternehmer auch bei niedrigen Zinsen nicht investieren, Verbraucher nicht vermehrt konsumieren.
5	Maßnahmen gelten für den gesamten Eurowährungsraum, die wirtschaftliche Lage ist in den Ländern aber unterschiedlich, daher sind für manche Länder die getroffenen Maßnahmen möglicherweise sogar kontraproduktiv.
6	Der Bankensektor kann sein Geld in Nichteuroländer exportieren, um dort ggf. bessere Zinskonditionen zu bekommen.

Beispiel kontraktiver Geldpolitik

1	Wenn genügend Geld im Bankensektor vorhanden ist, sind die Banken auf Kredite der EZB nicht angewiesen. Da die meisten Instrumente der EZB aber nur zum Einsatz kommen, wenn die Banken aktiv werden, laufen die Beschlüsse der EZB ggf. ins Leere.
2	Wirkungsverzögerungen (*time lags*)
3	In wirtschaftlich sicheren Zeiten werden Unternehmer auch bei hohen Zinsen nicht auf Investitionen verzichten, wenn die Gewinnerwartung höher als der Kreditzins ist. Der Konsum der Verbraucher hängt auch von anderen Faktoren ab, nicht nur vom Kreditzins.
4	Maßnahmen gelten für den gesamten Eurowährungsraum, die wirtschaftliche Lage ist in den Ländern aber unterschiedlich, daher sind für manche Länder die getroffenen Maßnahmen möglicherweise sogar kontraproduktiv.

Fazit

Solange die Wirtschaftslage in den Ländern des Eurowährungsraums nicht einigermaßen homogen ist, gibt es immer Länder, für die die aktuelle Geldpolitik besser oder weniger gut geeignet ist.

Abi Tipp

GELDPOLITIK UND DER BÜRGER

Gerade die Zinspolitik (gesteuert durch die EZB) hat Auswirkungen, die den Alltag vieler Menschen betreffen.
Da sind zum einen die Sparzinsen. Das niedrige Zinsniveau auf Spareinlagen trifft beispielsweise die private Altersvorsorge.
Andererseites ist hier das Thema Kredite zu nennen. Wer heute Schulden macht, um sich beispielsweise ein Haus zu kaufen, profitiert von einem niedrigen Zinsniveau.
Solche Überlegungen in der Prüfung einfließen zu lassen, ist gegebenenfalls ratsam.

GELDPOLITIK — Checkliste

- → Grenzen Sie die einzelnen Organe der EZB voneinander ab und zeigen Sie deren Aufgabengebiete.
- → Begründen Sie die Notwendigkeit der Unabhängigkeit der Zentralbank.
- → Grenzen die die Geldmengenbegriffe M1, M2, M3 gegeneinander ab.
- → Erklären Sie den Begriff Transmissionsmechanismus.
- → Unterscheiden Sie die Begriffe Hauptrefinanzierungsgeschäft und längerfristiges Refinanzierungsgeschäft und überlegen Sie, wann die EZB welches Instrument zum Einsatz bringt.
- → Begründen Sie die Entscheidung der EZB auch sehr langfristige Refinanzierungsgeschäfte (über einige Jahre) zu vergeben.
- → OMT, *Quantitative Easing* und *Forward Guidance* sind Maßnahmen der EZB, die erst nach der Weltwirtschaftskrise und der damit verbundenen Finanzkrise von der EZB durchgeführt wurden. Begründen Sie die Erweiterung des geldpolitischen Maßnahmenkatalogs seitens der EZB.
- → Erklären Sie die Begriffe OMT, *Quantitative Easing* und *Forward Guidance.*
- → Zeigen Sie Maßnahmen und Wirkung einer expansiven Geldpolitik der EZB
- → Zeigen Sie die Grenzen der geldpolitischen Maßnahmen auf.

AUSSENWIRTSCHAFT

Globalisierung

ZENTRALER BEGRIFF

Globalisierung ist die sich ausbreitende, weltweite Verknüpfung von Staaten auf der Ebene von Einzelpersonen, Unternehmen oder Staatsebene. Begünstigt wurde diese besonders durch Fortschritte im Kommunikationswesen und Transport.

Globalisierung bedeutet ...

- Kommunikationsnetze müssen aufgebaut und erhalten werden,
- internationale Arbeitsteilung, die von Arbeitnehmern steigend Mobilität verlangt,
- sich weltweit angleichende Einkommensstrukturen,
- Umweltprobleme können nur international gelöst werden.

Außenwirtschaftstheorien		
Güterwirtschaftliche Theorie	**Monetäre Theorie**	**Theorie wirtschaftlicher Integration**
befasst sich mit Ursachen des Außenhandels	befasst sich mit grenzüberschreitenden Zahlungsströmen	verknüpft güterwirtschaftliche und monetäre Theorie

Maßnahmen der Außenwirtschaftspolitik

Zollpolitik	Kontingentpolitik	Sonstiges
• Importzölle • Exportzölle • Schutzzölle • Finanzzölle	• Einfuhrkontingent • Embargo • Ausfuhrkontingent	• Ausfuhrsubventionen • Ausfuhrgewährleistungen • Außenwirtschaftsförderung • Handelsverträge • nichttarifäre Handelshemmnisse • Dumping • Selbstbeschränkungsabkommen • Kennzeichnungsvorschriften • technische Normung • Umweltauflagen

Leistungsbilanz

Zahlungsbilanz (erfasst außenwirtschaftliche Aktivitäten)
Leistungsbilanz → Handelsbilanz → Dienstleistungsbilanz → Bilanz der Primäreinkommen → Bilanz der Sekundäreinkommen
Vermögensänderungsbilanz
Kapitalbilanz
Veränderung der Währungsreserven
statistisch nicht aufgliederbare Transaktionen

Ungleichgewichte in der Leistungsbilanz	
Leistungsbilanzüberschuss	**Leistungsbilanzdefizit**
Export > Import	Export < Import
Gründe	
• Kostenvorteile (preiswertere Arbeitskräfte, rationellere Produktionsverfahren) • besseres Know-how • Qualitätsvorteile • Verfügbarkeiten knapper Güter (z. B. Ölvorkommen, …)	• Kostennachteile (hohe Lohnkosten, niedriges Produktionsniveau) • Rohstoffarmut • mangelndes Know-how • Qualitätsnachteile
Konsequenzen	
• steigender Beschäftigungsgrad • Gefahr einer importierten Inflation • drohende Zahlungsunfähigkeit der Geschäftspartner auf internationalen Märkten	• Devisenmangel • drohende internationale Zahlungsunfähigkeit

Wechselkurse

Flexible Wechselkurse

Der Kurs bildet sich nur nach den Gesetzen von Angebot und Nachfrage.

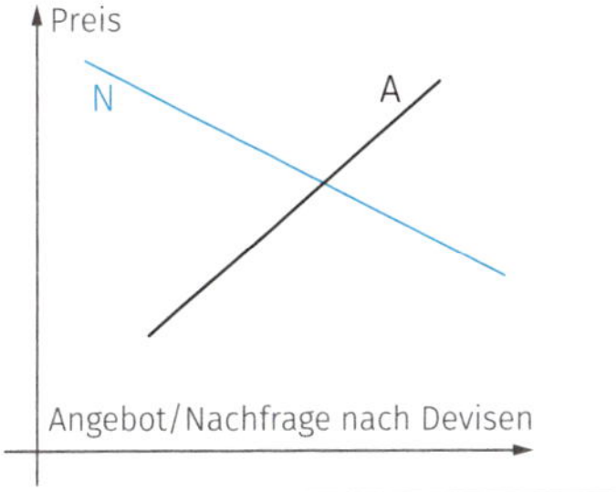

Flexibler Wechselkurs

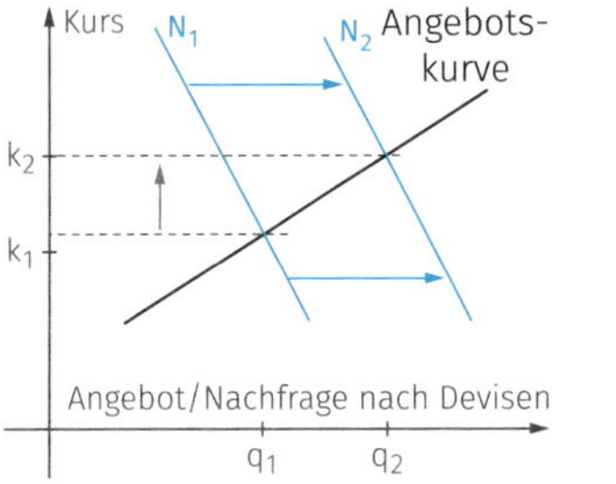

Kursbildung bei steigender Nachfrage und gleichbleibendem Angebot

N_1 = bisherige Nachfrage

N_2 = neue Nachfrage

k_1 = alter Kurs

k_2 = neuer Kurs

Relativ starre Wechselkurse

Der Kurs bildet sich nach Angebot und Nachfrage, darf aber nur innerhalb einer festgelegten Bandbreite schwanken. Um die Grenzen nicht zu über- oder unterschreiten, intervenieren die Zentralbanken durch An- oder Verkauf der Währungen.

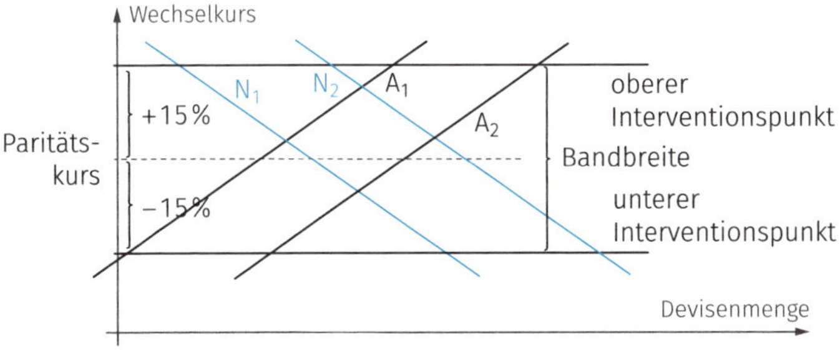

Vorteile	Nachteile
flexible Wechselkurse	
• automatischer Ausgleich bei Leistungsbilanzungleichgewichten • automatischer Ausgleich von länderübergreifenden Preisunterschieden • Möglichkeit einer unabhängigen Wirtschaftspolitik	• unsichere Kalkulationsgrundlage für internationale Geschäfte • Wechselkursrisiken verursachen Kosten
relativ starre Wechselkurse	
• sichere Kalkulationsgrundlage bei internationalen Geschäften • keine Kurssicherungskosten • Erleichterung politischer Integration	• Gefahr von Zahlungsbilanzungleichgewichten • Gefahr einer importierten Inflation • Gefahr internationaler Liquiditätsengpässe • eingeschränkte Autonomie in der Wirtschaftspolitik • Gefahr von Währungsspekulationen

AUSSENWIRTSCHAFT — Checkliste

→ Erklären Sie die rasante Globalisierung der letzten Jahrzehnte.
→ Zeigen Sie Vor- und Nachteile der Globalisierung für eine Volkswirtschaft.
→ Zeigen Sie, wie Außenwirtschaft gemessen wird.
→ Erklären Sie Ursache und Folgen von Leistungsbilanzungleichgewichten.
→ Vergleichen Sie Wechselkurssysteme und erarbeiten Sie die Vor- und Nachteile der einzelnen Systeme.
→ Listen Sie unterschiedliche Maßnahmen der Außenwirtschaftspolitik auf.

EINKOMMENS- UND VERMÖGENSPOLITIK

Einkommen

ZENTRALER BEGRIFF

(Faktor-)Einkommen ist der Vermögenszuwachs, den eine natürliche Person oder ein Haushalt innerhalb einer bestimmten Wirtschaftsperiode durch den Einsatz von Arbeit, Boden oder Kapital erreicht.

Verteilung der Einkommen			
funktional	**personell**	**primär**	**sekundär**
zeigt die Entstehung des Einkommens aufgrund von Produktionsfaktoreinsatz	zeigt die Verteilung des Volkseinkommens in einer Volkswirtschaft	zeigt das Volkseinkommen, das durch den Produktionsprozess entsteht	zeigt das Einkommen, das durch staatliche Umverteilung entsteht
Lohn, Gehalt, Zins, Pacht, ...	Arbeits-, Besitz-, Sozialeinkommen, ...	Lohn, Gehalt, Gewinneinkommen	Arbeitslosengeld, Hartz-IV-Bezüge, Kindergeld, Wohngeld ...

Lohnquote	Gewinnquote
Prozentanteil, den Arbeitnehmer vom Volkseinkommen erhalten	Prozentanteil, den Arbeitgeber vom Volkseinkommen erhalten

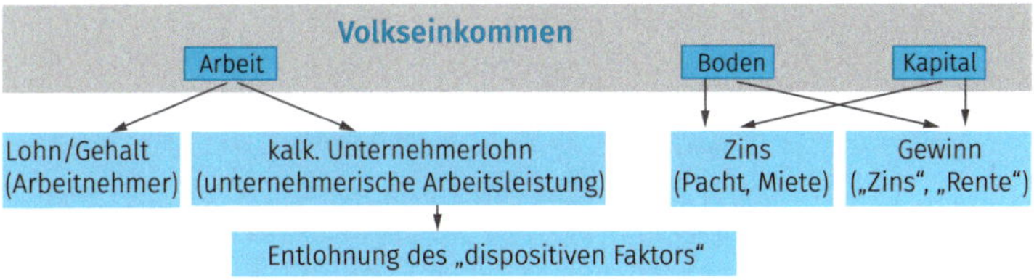

Volkseinkommen

Veranschaulichung der Einkommensverteilung	
Lorenzkurve	**Gini-Koeffizient**
Je weiter die Lorenzkurve von der Winkelhalbierenden entfernt ist, desto größer sind die Einkommensunterschiede.	Je größer die Fläche ist, die die Lorenzkurve mit der Winkelhalbierenden einschließt, desto größer sind die Einkommensunterschiede.
	Prozentsatz der Fläche, die die Lorenzkurve mit der Winkelhalbierenden einschließt im Verhältnis zur Gesamtfläche (Wert immer zwischen 0 und 1)

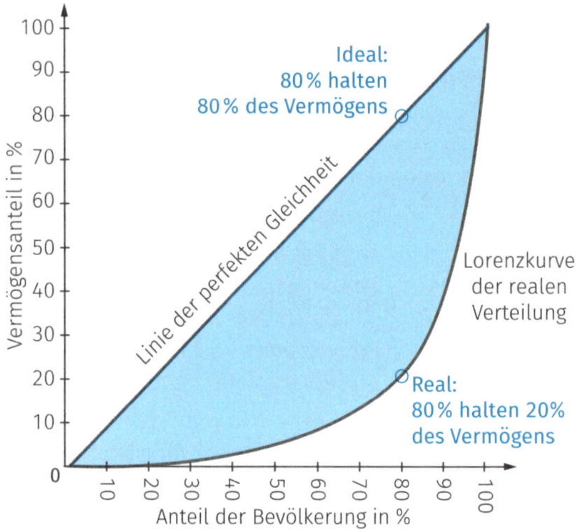

Schematische Darstellung der Lorenzkurve

Einkommenspolitik

ZENTRALER BEGRIFF

Einkommenspolitik sind alle Maßnahmen des Staates, die getroffen werden, um das Einkommen der Bürger zu beeinflussen, z. B. mittels Subventionen oder Festlegung von Mindestlöhnen.

Lohnpolitik

- Gewährung von Tarifautonomie
- Arbeitgeber und Gewerkschaften können ohne staatlichen Eingriff auf dem Wege der Tarifverhandlungen Arbeitsbedingungen und Entlohnung verhandeln.

Gewerkschaften	Arbeitgeber
Interesse an einer hohen Lohnquote	Interesse an einer hohen Gewinnquote

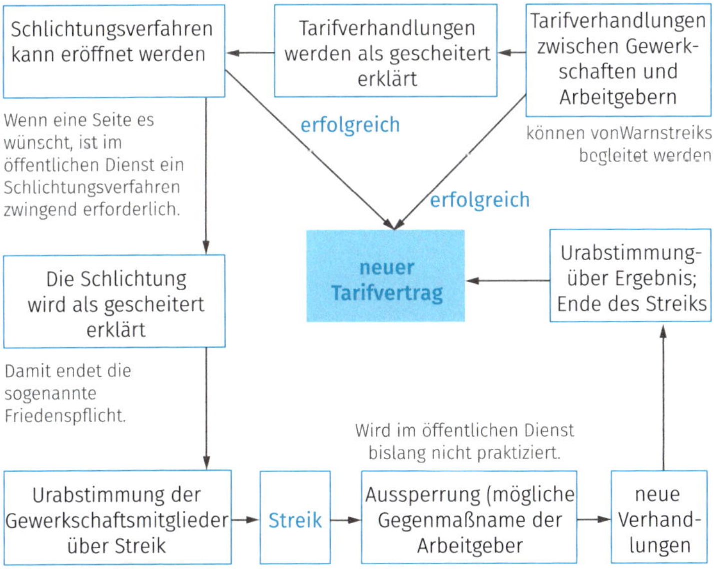

Wege zu einem neuen Tarifvertrag

Vermögenspolitik

Ursachen ungleicher Einkommens- und Vermögensverteilung		
Vermögensbasis	**Marktmacht**	**Leistungsfähigkeit**
ungleiche Verteilung von vererbtem Vermögen	Monopole, Oligopole begünstigen hohe Einkommen einer kleinen Bevölkerungsgruppe.	Unterschiedliche geistige, körperliche Konstitution führt zu unterschiedlichen Chancen.

Staatliche Maßnahmen zur Schaffung einer gerechten Einkommens- und Vermögensverteilung

- gleiche Startchancen schaffen (Bildungschancen verbessern)
- Leistungsprinzip fördern
- Einkommensumverteilung durch Sozialleistungen
- Setzen von Sparanreizen
- Förderung von Vermögensbildung (z.B. durch Zahlung vermögenswirksamer Leistungen)
- staatliche Zuschüsse (Baukindergeld, ...)

EINKOMMENS- UND VERMÖGENSPOLITIK — CHECKLISTE

→ Klären Sie wesentliche Fachbegriffe, wie Einkommen, Lohnquote, Gewinnquote.

→ Vergegenwärtigen Sie sich die unterschiedlichen Arten der Einkommensverteilung.

→ Klären Sie die Begriffe Lorenzkurve und Gini-Koeffizient und machen Sie sich mit der graphischen Darstellung vertraut.

→ Begründen Sie, warum der Staat an einer gerechten Einkommens- und Vermögensverteilung interessiert ist, und beurteilen Sie die Möglichkeiten des Staates, dieses Ziel zu erreichen.

→ Setzen Sie sich mit dem Ablauf des Tarifstreits auseinander.

→ Zeigen Sie Gefahren auf, die sich ergeben, wenn Gewerkschaften zu hohe Löhne oder Arbeitgeber zu geringe Löhne durchsetzen.

WACHSTUMS- UND STRUKTURPOLITIK

Wachstum

ZENTRALE BEGRIFFE

- **Bruttoinlandsprodukt** ist der Wert aller Sachgüter und Dienstleistungen, die im Laufe einer Wirtschaftsperiode innerhalb der Landesgrenzen einer Volkswirtschaft erbracht werden.
- **Wachstum** ist die Veränderung des Bruttoinlandsprodukts gegenüber der vorherigen Wirtschaftsperiode.
- **Reales Wachstum** berücksichtigt nur Mengenänderungen.
- **Nominales Wachstum** berücksichtigt Mengen- und Preisänderungen.
- **Bruttonationaleinkommen** ist der Wert der Sachgüter und Dienstleistungen, die im Laufe einer Wirtschaftsperiode von Inländern einer Volkswirtschaft erbracht werden.

Intensives Wachstum	Extensives Wachstum	Qualitatives Wachstum	Quantitatives Wachstum
Wachstum, das durch höhere Arbeitsproduktivität erreicht wird	Wachstum im gleichen Maße wie das Bevölkerungswachstum	Wachstum aufgrund verbesserter Produktqualität	Wachstum wegen vermehrten Produktionsfaktoreinsatzes

Chancen des Wachstums

- Abbau von Arbeitslosigkeit, Sicherung von Beschäftigung
- Steigerung des Lebensstandards
- steigende Staatseinnahmen und damit steigender Handlungsspielraum des Staates
- gerechtere Vermögensverteilung und damit Erreichen eines sozialen Friedens
- Stabilität innerhalb einer Volkswirtschaft und gegenüber dem Ausland

Risiken/Nachteile des Wachstums

- zu hoher Ressourcenverbrauch
- steigende Umweltbelastung
- steigender Energiebedarf
- fehlende Nachhaltigkeit

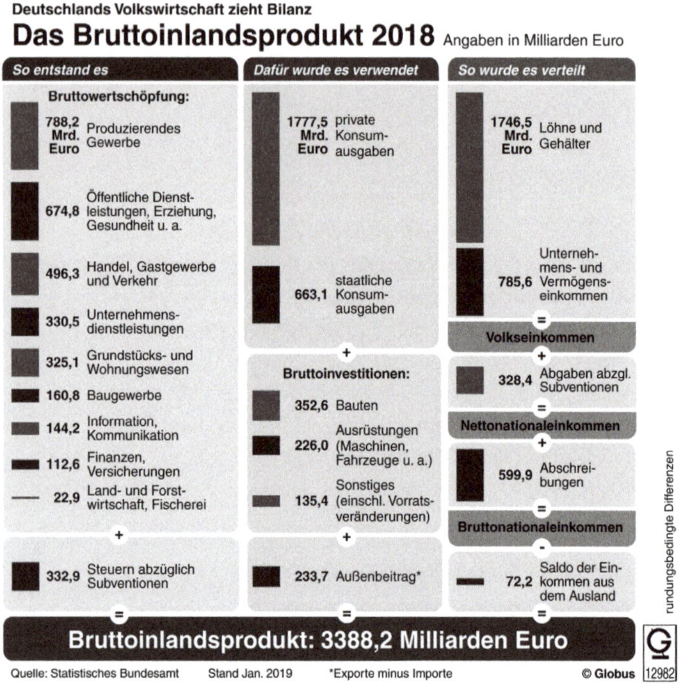

Wachstumsfaktoren

- Produktionspotenzial der Volkswirtschaft
- Produktivität der Volkswirtschaft
- staatliche Rahmenbedingungen
- Wettbewerbsstärke der Unternehmen
- Innovationsneigung
- Gewinnerwartung
- Konsumneigung

Faktorallokation

- Je freier der Markt agieren kann, desto höher ist das Wachstum der Wirtschaft.

Strukturwandel

ZENTRALER BEGRIFF

Strukturwandel bezeichnet eine Verschiebung der Gewichtung der Wirtschaftssektoren in einer Volkswirtschaft.

Strukturwandel in Deutschland

- ursprünglich vom Primären Sektor geprägt
- mit Erfindung der Dampfmaschine und Anschub der industriellen Revolution allmählicher Wandel zur Industrienation mit Hochphase in den 1960er-Jahren
- mit steigender Technisierung und Automatisierung, mit steigendem Wohlstand und damit steigender Nachfrage nach Dienstleistungen Verschiebung der hauptsächlichen Wirtschaftskraft in den Tertiären Sektor
- Stark anwachsender Tertiärer Sektor, der rund $\frac{3}{4}$ der Wirtschaftskraft ausmacht, führt zur Bildung zwei weiterer Sektoren (Quartärer und Quintärer Sektor), die aus dem Tertiären Sektor ausgegliedert werden.

Primärer Sektor	Sekundärer Sektor	Tertiärer Sektor
Urproduktion	Weiterverarbeitung	Verteilung und sonstige Dienste
Land- und Forstwirtschaft Jagd, Fischerei, Bergbau, Energiegewinnung	Industrie Handwerk	Handel Verkehr Tourismus Banken Versicherungen

Quartärer Sektor	Quintärer Sektor
Informationssektor	**Entsorgungssektor**
IT-Dienstleistungen High-Tech- und Beratungsdienstleistungen Kommunikationsdienstleistungen	Müllabfuhr Schrottplätze Klär- und Recyclinganlagen

Wachstums- und Strukturprobleme

Ursachen für Wachstums- und Strukturprobleme

- regionale Ungleichgewichte
  - → in verschiedenen Regionen unterschiedliche Verteilung der Wertschöpfung auf die Wirtschaftssektoren
  - → unterschiedliche Verteilung der Arbeitskräfte auf die Wirtschaftssektoren
  - → unterschiedliche politische, gesellschaftliche und soziale Rahmenbedingungen
  - → unterschiedliche Finanzkraft der Länder
- Abwanderung von Unternehmen und Arbeitskräften
- regional unterschiedliche Immobilienpreise und Miethöhen Abwanderungsregionen/Zuwanderungsregionen
- regional Überbelastungen der Umwelt
- Verknappung von Ressourcen

Lösungsansätze bei Strukturproblemen

- staatlicherseits Schaffung marktgeeigneter Rahmenbedingungen
- Schaffung einer funktionierenden Infrastruktur
- Abbau bürokratischer Hürden
- staatliche Subventionen
- Transferzahlungen an Haushalte

Umweltpolitik

Grundgedanke

Zukünftige Generationen sollen eine lebenswerte Umwelt vorfinden. Die Umweltpolitik muss die dazu erforderlichen Maßnahmen ergreifen.

Prinzipien der Umweltpolitik			
Verursacherprinzip	**Vorsorgeprinzip**	**Gemeinlastprinzip**	**Kooperationsprinzip**
Der Verursacher muss für Umweltschäden aufkommen.	Umweltschäden sollen vor der Entstehung vermieden werden.	Die Beseitigung von Umweltschäden werden vom Steuerzahler finanziert.	Alle Beteiligten arbeiten an der Vermeidung und der Beseitigung der Umweltschäden.

Instrumente der Umweltpolitik		
Nichtfiskalische Instrumente	**Fiskalische Instrumente**	**Marktorientierte Instrumente**
Gebote und Verbote Kontrollen Haftungsabkommen Bußgelder	Umweltlizenzen Umweltzertifikate Umweltabgaben Subventionen	freiwillige Auflagenerfüllung durch Unternehmen Branchenvereinbarungen

Probleme der Staatsverschuldung

Ursachen der Staatsverschuldung

- antizyklische Fiskalpolitik mit Einführung des Stabilitätsgesetzes 1967; *deficit spending* in Rezessionsphasen ohne Schuldentilgung in Aufschwungphasen
- Ausbau der Sozialleistungen in den 1970er-Jahren
- Verschuldung ausgelöst durch die Wiedervereinigung 1990
- Weltfinanz- und Wirtschaftskrise 2009

Folgen der Staatsverschuldung

- Hohe Schulden vermindern den Handlungsspielraum des Staates, da Kredite bedient werden müssen.
- *Crowding-out-Effekt*: Der Staat konkurriert auf dem Kreditmarkt mit privaten Investoren und verdrängt diese.
- Staatsschulden sind eine Last für kommende Generationen.
- Zunehmende Staatsverschuldung kann die Preisstabilität gefährden.

WACHSTUMS- UND STRUKTURPOLITIK — Checkliste

→ Klären Sie die Begriffe Bruttoinlandsprodukt und Bruttonationaleinkommen sowie den Wachstumsbegriff.
→ Unterscheiden Sie nominales und reales Wachstum und begründen Sie, warum zur Beurteilung der Wirtschaftslage das reale Wachstum herangezogen wird.
→ Beurteilen Sie das Ziel Wirtschaftswachstum kritisch.
→ Tragen sie Faktoren zusammen, die ein Wirtschaftswachstum begünstigen.
→ Welchen Prinzipien folgt die Umweltpolitik und welche Maßnahmen stehen zur Umsetzung zur Verfügung?

15 BETRIEBLICHE ENTSCHEIDUNGEN

Unternehmensgründungen

Voraussetzungen

Persönliche

- Geschäftsfähigkeit
- Einsatzbereitschaft
- Belastbarkeit
- Disziplin
- Kreativität
- je nach Branche unterschiedliche Qualifikationen
  - → fachliche
  - → wirtschaftliche
  - → menschliche
- kaufmännische Kenntnisse

Formelle

- Gewerbeanmeldung bei der Gemeinde
- Gemeinde informiert Amtsgericht über Handelsregistereintrag, Finanzamt, Berufsgenossenschaft, Handels- oder Handwerkskammer, Krankenkasse
- ggf. Patente prüfen, Lizenzen erwerben
- Befähigungsnachweise

Materielle

- Branche
- Standortwahl
- Rechtsform
- Kapital

Standortfaktoren

Standortfaktoren sind alle Kriterien, die ein Unternehmen bei der Wahl seines Unternehmensstandorts berücksichtigen sollte. In der Regel zeigen unterschiedliche Standorte unterschiedliche Vor- und Nachteile. Die Klassifizierung der Standortfaktoren kann nach unterschiedlichen Aspekten erfolgen.

Differenzierung nach ...	
harten Standortfaktoren	**weichen Standortfakturen**
gut messbar, wie etwa Arbeitsmarkt, Energiekosten	schwer quantifizierbar, etwa Freizeitangebot

beschaffungsorientiert	produktbezogen	absatzorientiert
Faktoren, die die Beschaffung aller benötigten Komponenten betreffen	zur Herstellung notwendige Kriterien	Faktoren, die den Absatz der Produkte beeinflussen
z. B. Grundstücke, Energie	Arbeitskräfte, Transportkosten	Absatzmarkt, Konkurrenzsituation

Einzelne Standortfaktoren	
Verkehr: Zugang zu Häfen, Flughäfen Bahnverbindungen, Autobahnen	**Absatz:** Kundenzahl, Kaufkraft, Kundennähe, Konkurrenzsituation
Umwelt: Gewerbeflächen, Abfallbeseitigungsmöglichkeiten, klimatische Gegebenheiten, Bodenbedingungen	**Arbeit:** Lohn-, Gehaltsniveau, Arbeitskräfteangebot, Arbeitsbereitschaft, Streikrisiko
Staatliche Gegebenheiten: bürokratische Auflagen, Genehmigungsverfahren, Subventionen, politische Stabilität, Rechtssicherheit	**Weiche Standortfaktoren:** Image der Stadt, Familienfreundlichkeit, Freizeitangebot, medizinische Versorgung
Rohstoffe: Nähe zu Rohstoffen, Kosten für Energie und Rohstoffe, Transportkosten	**Finanzen:** Grundstückspreise, Mietpreise, staatliche Förderungen, Gewerbesteuersatz

Rechtsformen

Personengesellschaften

Personengesellschaften sind Gesellschaften, in denen die Eigentümer persönlich haften und mitarbeiten. Die Gesellschafter sind alle am Gesamthandvermögen beteiligt.

Gesellschaft des bürgerlichen Rechts (GbR)

- mindestens zwei Gesellschafter
- formloser Gesellschaftsvertrag mit Zweckvereinbarung
- Geschäftsführung und Haftung von allen Gesellschaftern
- wegen Gesamthandvermögen GuV (= Gewinn- und Verlustrechnung) zu gleichen Teilen, ggf. Abweichung durch Vertrag
- Erlöschen z. B. durch Kündigung oder Erfüllung des Zwecks

Offene Handelsgesellschaft (OHG)

- mindestens zwei Gesellschafter
- Gesellschaftsvertrag, Eintrag ins HR, Gewerbeanmeldung
- Geschäftsführung von allen Gesellschaftern
- Haftung gesamtschuldnerisch
- GuV gesetzlich 4 % auf Kapitalanteile, Rest nach Köpfen
- Erlöschen z. B. durch Gesellschafterbeschluss, Konkurs, Erfüllung des Zwecks

Kommanditgesellschaft (KG)

- mindestens zwei Gesellschafter, davon ein Vollhafter (Komplementär) und ein Teilhafter (Kommanditist)
- Komplementär kein festes Kapital, Kommanditist feste Einlage in beliebiger Höhe
- Gesellschaftsvertrag, Eintrag ins HR, Gewerbeanmeldung, Errichtung eines Geschäftskontos
- Geschäftsführung durch den Komplementär
- Haftung Komplementär gesamtschuldnerisch, Kommanditist i. H. d. Einlage
- GuV gesetzlich 4 % auf Kapitalanteile, Rest angemessen nach Verhältnissen in der Gesellschaft
- Erlöschen z. B. durch Gesellschafterbeschluss, Konkurs, Erfüllung des Zwecks

GmbH & Co. KG

- mindestens zwei Gesellschafter, davon ein Vollhafter (Komplementär) und ein Teilhafter (Kommanditist)
- Komplementär – GmbH und Kommanditist feste Einlage
- Gesellschaftsvertrag, Eintrag ins HR, Gewerbeanmeldung, Errichtung eines Geschäftskontos
- Geschäftsführung durch den Komplementär
- Haftung Komplementär mit GmbH-Vermögen, Kommanditist i. H. d. Einlage
- GuV gesetzlich 4 % auf Kapitalanteile, Rest angemessen nach Verhältnissen in der Gesellschaft
- Erlöschen z. B. durch Gesellschafterbeschluss, Konkurs, Erfüllung des Zwecks

Abi Tipp

GEMEINSAMKEITEN UND UNTERSCHIEDE

Lernen Sie die Personengesellschaften und Kapitalgesellschaften getrennt voneinander, da die Rechtsformen innerhalb einer Gruppe viele Gemeinsamkeiten aufweisen.

Kapitalgesellschaften

Kapitalgesellschaften sind juristische Personen, bei denen die finanzielle Beteiligung der Eigentümer vordergründig ist. Eine persönliche Mitarbeit ist möglich, aber nicht erforderlich.

Aktiengesellschaft (AG)

- mindestens ein Gesellschafter
- muss mindestens ein Grundkapital i. H. v. 50 000,– € gestückelt in Aktien zu je mindestens 1,– € aufbringen
- Organe sind Vorstand (Leitung der AG), Aufsichtsrat (Kontrollorgan), Hauptversammlung (Eigentümerversammlung; beschließendes Organ).
- GuV auf Vorschlag des Vorstandes und Beschluss der Hauptversammlung
- Haftung mit dem Gesellschaftsvermögen
- Erlöschen der Gesellschaft per Beschluss der Eigentümer, Gerichtsurteil, Erfüllung des Geschäftszwecks

Gesellschaft mit beschränkter Haftung (GmbH)

- mindestens ein Gesellschafter
- muss mindestens ein Stammkapital i. H. v. 25 000,– € aufbringen
- Organe sind Geschäftsführer (Leitung der GmbH), Aufsichtsrat (Kontrollorgan), Gesellschafterversammlung (Eigentümerversammlung; beschließendes Organ).
- GuV gesetzlich entsprechend der Höhe der Anteile
- Haftung mit dem Gesellschaftsvermögen
- Erlöschen der Gesellschaft per Beschluss der Eigentümer, Gerichtsurteil, Erfüllung des Geschäftszwecks

Kommanditgesellschaft auf Aktien (KG aA)

- mindestens ein Komplementär und ein Kommanditist
- müssen mindestens 50 000,- € aufbringen (Grundkapital der Kommanditaktionäre + Einlage der Komplementäre)
- notarielle Beglaubigung der Satzung
- Organe sind Vorstand (aus Komplementären), Aufsichtsrat (Kontrollorgan), Hauptversammlung (Kommanditaktionäre, Beschlussorgan).
- GuV auf Beschluss der Hauptversammlung mit Zustimmung der Komplementäre
- Haftung wie bei der KG
- Erlöschen der Gesellschaft per Beschluss der Eigentümer, Konkurs, Erfüllung des Geschäftszwecks

Genossenschaften

Eingetragene Genossenschaft (eG)

- mindestens drei Gesellschafter
- Gründung durch Unterschreiben einer Satzung und Eintrag ins Genossenschaftsregister
- Organe sind Vorstand (Leitung), Aufsichtsrat (Kontrollorgan), Generalversammlung (Eigentümerversammlung; überwachendes Organ).
- GuV nach Geschäftsanteilen
- Haftung mit dem Genossenschaftsvermögen
- Beschluss der Generalversammlung, Konkurs

Unternehmensziele und Investitionsentscheidungen

Betriebswirtschaftliche Ziele sind Ziele, die sich einzelne Unternehmen stecken. Sie lassen sich in verschiedene Kategorien einteilen.

Nach Inhalt	
Formalziele	**Sachziele**
Was? (Gewinn, Umsatz, ...)	Wie? (Logistik im Unternehmen)

Nach Zeit		
kurzfristig	mittelfristig	langfristig

Nach angestrebtem Erfolg		
Ökonomische Ziele	**Ökologische Ziele**	**Soziale Ziele**
Gewinnsteigerung	Verringerung des Schadstoffausstoßes	sichere Arbeitsplätze

Nach Thema					
Finanzwirtschaftlich	**Leistungswirtschaftlich**	**Güterwirtschaftlich**	**Ökologisch**	**Führungsbezogen**	**Sozial**
Rentabilität	Marktanteil	Produktqualität	Emission	Wie herrscht der Chef?	Arbeitsplatzsicherheit

Nach Hierarchie		
Oberziel	**Mittelziel**	**Unterziel**
Gewinnsteigerung	Kosten senken	Verwaltungsabläufe verbessern

Abi Tipp

DIE ZIELE SIND WICHTIG

Bringen Sie die Unternehmensziele und Investitionsentscheidungen in Beziehung, sodass Sie auf der Basis der gesetzten Ziele begründen können, warum ein Unternehmen bestimmte Investitionen tätigt. Jedes Unternehmensziel kann in jede Zielkategorie eingeordnet werden.

Investitionen sind die längerfristige Festlegung von Finanzmitteln in Vermögenswerte.

Nach Zweck				
Gründungsinvestition	Ersatzinvestition	Erweiterunginvestition	Rationalisierungsinvestition	Desinvestition
um ein Unternehmen zu errichten	zur Erhaltung der Kapazität	zur Expansion	zur Kostensenkung	Umkehrung der Investition in Finanzmittel

Nach Funktion		
Forschungsinvestition	Fertigungsinvestition	Absatzinvestition
um Forschungsergebnisse zu erzielen	Im Bereich der Produktion	Im Bereich des Absatzes

Nach Art		
Immaterielle Investition	Sachanlageninvestition	Finanzanlageninvestition
Im Bereich von Ausbildung, Forschung, Entwicklung	Erwerb von Anlagevermögen	Erwerb von Wertpapieren, Beteiligungen, ...

Nach Ort	
Inlandsinvestition	Auslandsinvestition

BETRIEBLICHE ENTSCHEIDUNGEN — Checkliste

- Überprüfen Sie, ob Sie die Standortfaktoren gut genug verinnerlicht haben, sodass Sie eine fundierte Standortanalyse eines Ortes vornehmen können.
- Arbeiten Sie sich durch die verschiedenen Rechtsformen, sodass Sie für eine Fallsituation eine begründete Rechtsformentscheidung treffen können.
- Prüfen Sie, ob sie die einzelnen Unternehmensziele kennen.
- Erarbeiten Sie die verschiedenen Investitionsarten.
- Bringen Sie die Investitionsarten und Unternehmensziele in eine Beziehung, sodass Sie erklären können, welchem Unternehmensziel eine bestimmte Investition dient

PRODUKTION UND KOSTEN

Produktion

Prozess der Leistungserstellung

Produktionsfaktoren			
Kapital	Natur	Arbeit	Know-how

Forschung und Entwicklung		
Grundlagenforschung	angewandte Forschung	Entwicklung einer wirtschaftlichen Anwendung

Planung eines Fertigungsprogramms		
Produktfeld	Programmbreite	Programmtiefe

Fertigungsprogramm vorbereiten

Fertigung durchführen			
Einzelfertigung	Serienfertigung	Sortenfertigung	Massenfertigung

Produktionstypen festlegen	
Werkstattfertigung	Fließbandfertigung

Kontrolle	
Vollkontrolle	Stichprobenkontrolle

Kosten

ZENTRALE BEGRIFFE

- **Kosten** sind der in Geldeinheiten bewertete Verzehr von Produktionsfaktoren, um Sachgüter- und Dienstleistungen herzustellen und abzusetzen sowie um selbst genutzte Anlagen zu erstellen und aufrechtzuerhalten.
- **Beschäftigungsgrad** ist der Quotient der genutzten Kapazität zur möglichen Kapazität
- **Fixe Gesamtkosten** (K_f) sind Kosten, die unabhängig vom Beschäftigungsgrad anfallen. Man differenziert zwischen absolut fixen Kosten, die immer in gleicher Höhe anfallen (z. B. Gehalt des Pförtners) und sprungfixen Kosten, die innerhalb eines Intervalls gleich bleiben (z. B. Abschreibung für eine zusätzlich angeschaffte Maschine)
- **Kostenremanenz** beschreibt zurückbleibende Kosten bei sinkender Kapazität. Das Fixkostenniveau lässt sich nicht schnell genug reduzieren.
- **Variable Gesamtkosten** (K_V) sind Kosten, die abhängig vom Beschäftigungsgrad sind. Sie können proportional, unterproportional oder überproportional laufen.
- **Gesamtkosten** (K) ergeben sich aus der Summe der fixen und der variablen Kosten. ($K = K_f + K_V$)
- **Grenzkosten** sind die Kosten, die bei der Produktion einer zusätzlichen Einheit entstehen.
- **Grenzerlöse** sind die Erlöse, die für eine zusätzlich ausgebrachte Einheit erzielt wurde.
- **Stückkosten** (k) sind die Kosten, die auf eine produzierte Einheit entfallen. Sie setzen sich aus fixen und variablen Stückkosten zusammen ($k = k_f + k_v$).
- **Fixe Stückkosten** (k_f) sind die fixen Kosten, die auf ein Stück entfallen.
- **Variable Stückkosten** (k_V) sind die variablen Kosten, die pro Stück anfallen.

Gesamtkosten – Stückkosten - Grenzkosten

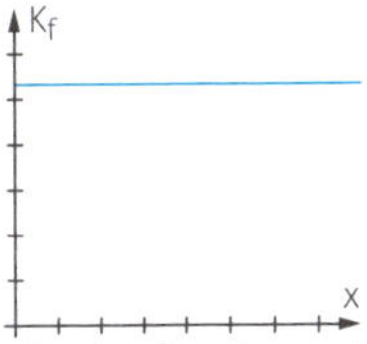

absolut fixe Gesamtkosten

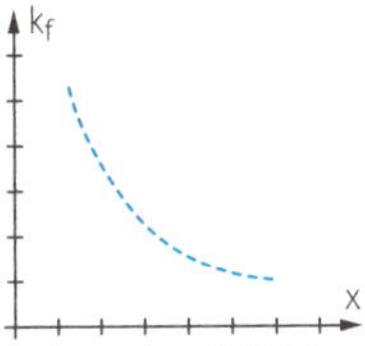

degressive Stückkosten

- Erlöse E
- Gesamtkosten K
- Grenzkosten K′
- Stückkosten k
- var. Gesamtkosten Kv
- var. Stückkosten k_f
- **fixe Gesamtkosten K_f**
- **fixe Stückkosten k_f**

Absolut fixe Gesamtkosten (oben) verursachen keine Grenzkosten,da diese unabhängig von der ausgebrachten Menge anfallen; bei relativ fixen Gesamtkosten (links) treten Grenzkosten immer am Intervallbeginn auf.

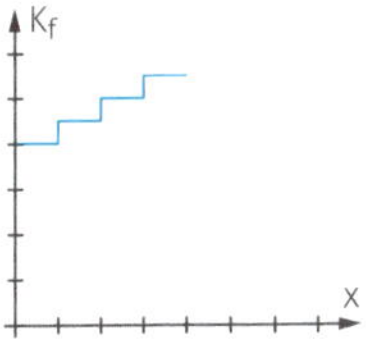

relativ fixe Gesamtkosten

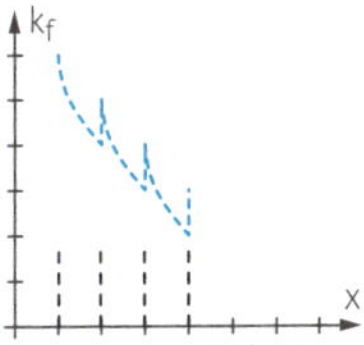

degressive Stückkosten innerhalb der Intervalle

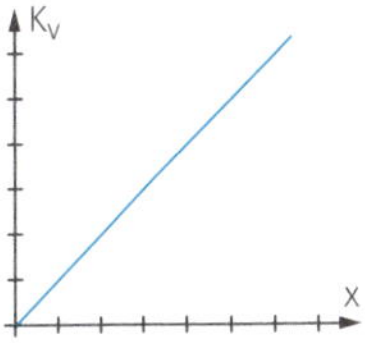

proportionale variable Gesamtkosten

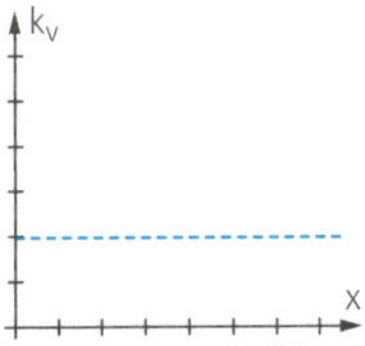

konstante Stückkosten

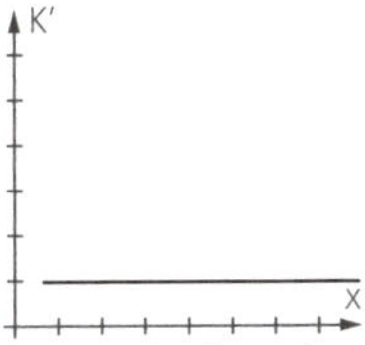

konstante Grenzkosten

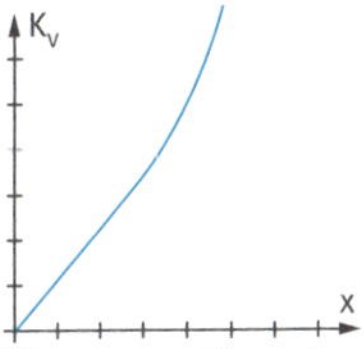

überproportionale variable Gesamtkosten

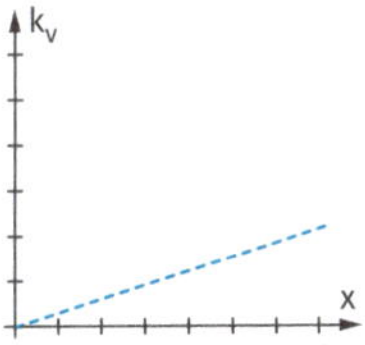

progressive Stückkosten

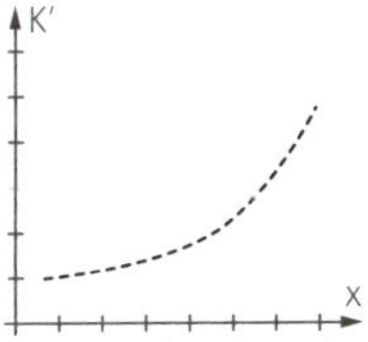

progressive Grenzkosten

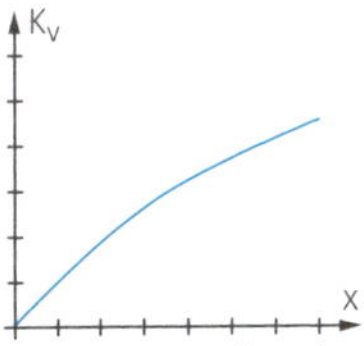

unterproportionale variable Gesamtkosten

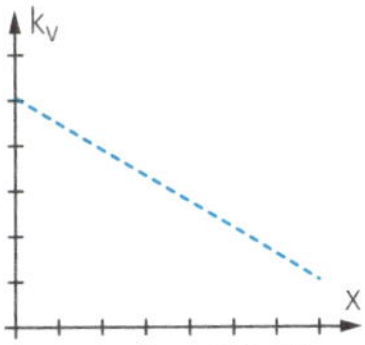

degressive Stückkosten

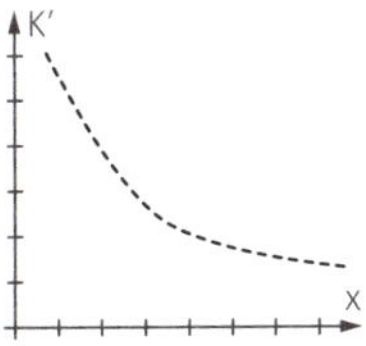

degressive Grenzkosten

Gesamt-, Stück- und Grenzkosten

S-förmiger Gesamtkostenverlauf

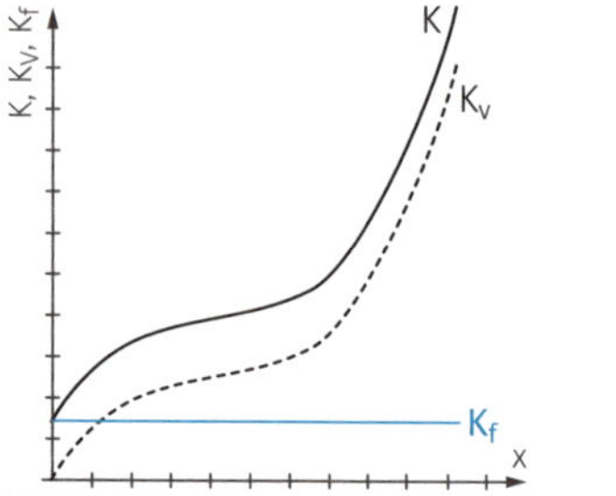

S-förmiger Gesamtkostenverlauf

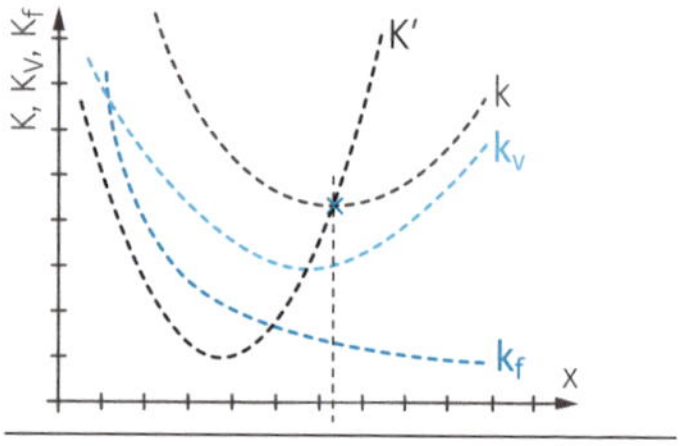

Stückkostenbetracht.

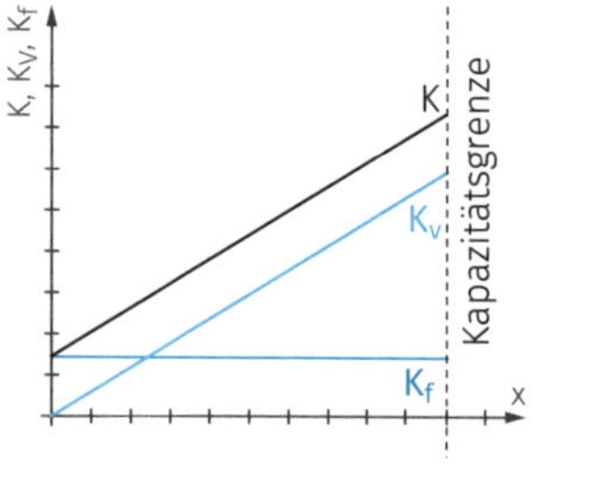

Linerarer Gesamtkostenverlauf

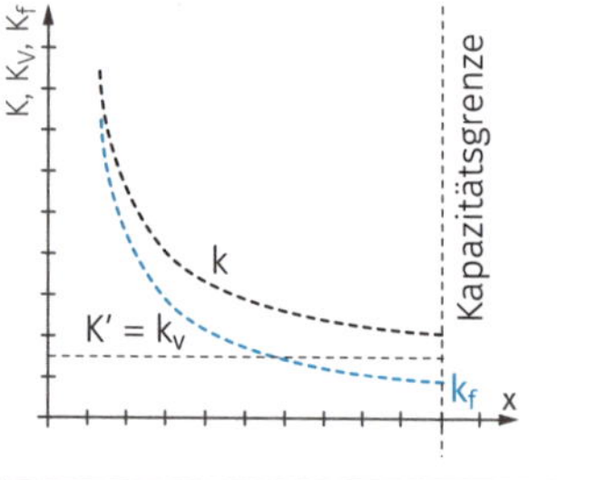

Stückkostenbetracht.

Gesamtkostenverlauf	S-förmig	Linear
Break-even	$K(x) = E(x)$ bzw. $k(x) = p$ (linker Schnittpunkt) Gewinnzone beginnt	
Nutzengrenze	$K(x) = E(x)$ bzw. $k(x) = p$ (rechter Schnittpunkt) Gewinnzone endet	–
Nutzenmaximum/ Gewinnmaximum	$K' = E'$	Kapazitätsgrenze
Kostenoptimum/ Betriebsoptimum	$k'(x) = 0$ Minimum der Stückkosten, langfristige Preisuntergrenze	Kapazitätsgrenze
Betriebsminimum	$k(v)' = 0$ Minimum der variablen Stückkosten, kurzfristige Preisuntergrenze	–

Kritische Kostenpunkte

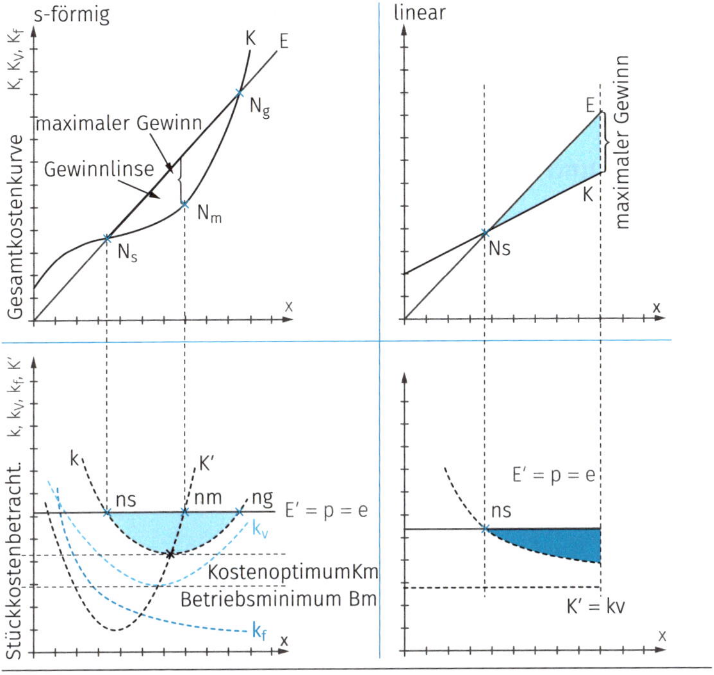

Kritische Kostenpunkte

PRODUKTION UND KOSTEN — Checkliste

- Machen Sie sich mit dem Prozess der Leistungserstellung vertraut. Die einzelnen Begriffe sollen Ihnen vertraut sein.
- Beschäftigen Sie sich mit den zentralen Kostenbegriffen.
- Die Kostenbegriffe sollen Ihnen auch graphisch bekannt sein.
- Befassen Sie sich mit den kritischen Kostenpunkten Break-even, Nutzengrenze, Gewinnmaximum, Kostenoptimum und Betriebsminimum.
- Vergleichen Sie die Kostenverläufe bei s-förmigen und linearen Kosten.

17

MARKT UND ABSATZ

Markt und Marktformen

Angebot und Nachfrage

Angebot	Nachfrage
Erkennbare Bereitschaft, bestimmte Mengen eines Gutes …	
verkaufen zu wollen.	kaufen zu wollen.
Hängt ab von …	
technisch Machbarem Kosten Preisen Preisen der Mitbewerber Unternehmenszielen Gewinnerwartung	Bedürfnissen Einkommen Einkommenserwartung Preisen der Güter Preisen vergleichbarer Güter

ZENTRALE BEGRIFFE

Markt ist jedes Zusammentreffen von Angebot und Nachfrage.
Ein **vollkommener Markt** ist ein Markt, auf dem es keine persönlichen, sachlichen, räumlichen und zeitlichen Präferenzen gibt, alle Anpassungsprozesse ohne Zeitverzögerung erfolgen und vollkommene Markttransparenz herrscht.

Marktformen

Anbieter/ Nachfrager	viele	wenige	einer
viele	Polypol	Angebotsoligopol	Angebotsmonopol
wenige	Nachfrage-oligopol	bilaterales Oligopol	beschränktes Angebotsmonopol
einer	Nachfrage-monopol	beschränktes Nachfragemonopol	bilaterales Monopol

Abi Tipp

WICHTIGES THEMA: OLIGOPOLE

Die mit Abstand beherrschende Marktform in entwickelten Volkswirtschaften sind die Oligopole (z. B. Markt für Mineralöl, Waschmittel, Strom, Computer).

- Befassen Sie sich mit der Marktsituation des Oligopolisten, auch wenn die Preisbildung nicht so schematisch dargestellt werden kann, wie für das Monopol und Polypol.

Preisbildung

Preisbildung im Angebotsmonopol

Das Gewinnmaximum des Angebotsmonopolisten liegt im Cournot'schen Punkt. Das Gewinnmaximum wird vor dem Umsatzmaximum erreicht.

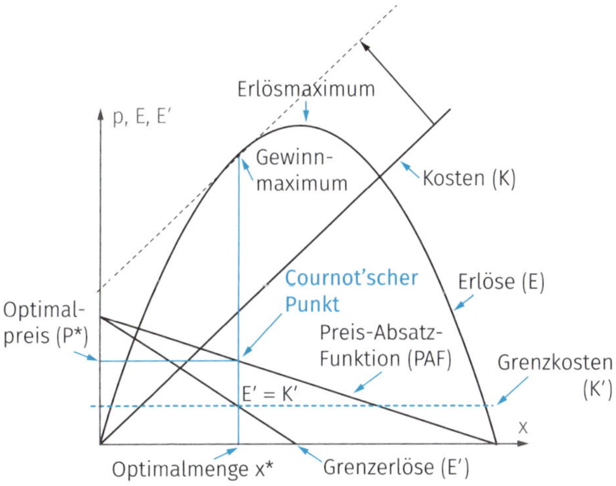

Der Cournot'sche Punkt

Preisbildung im Angebotsoligopol

Auf vollkommenen Märkten hat der Oligopolist keinen Preisspielraum. Der ergibt sich nur auf unvollkommenen Märkten und gelingt in der Regel nur durch Abgrenzung des Produkts von anderen, indem besondere Eigenschaften markiert werden.

Preisbildung im Polypol

Je höher der Preis liegt, desto geringer ist die Nachfrage und desto höher ist das Angebot.

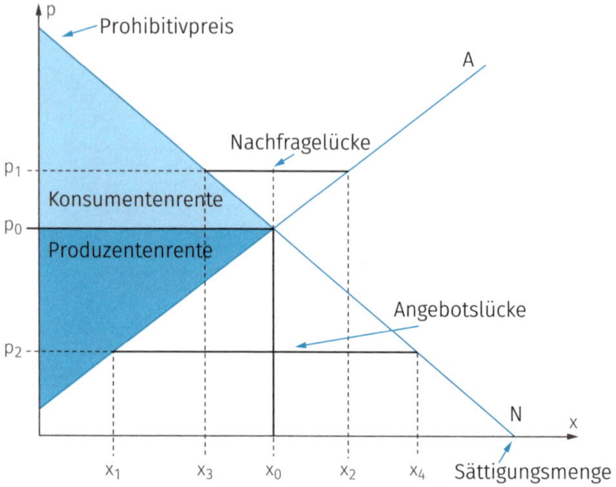

Preisbildung und Gewinnmaximierung beim Polypol

ZENTRALE BEGRIFFE

Gleichgewichtsmenge ist die Menge, an der Angebot und Nachfrage sich treffen.
Gleichgewichtspreis ist der Preis, zu dem die Gleichgewichtsmenge abgesetzt wird.
Die **Konsumentenrente** ist der Ertrag den Anbieter durch Marktdifferenzierung erreichen, weil es ihnen gelingt, Preise oberhalb des Gleichgewichtspreises zu erzielen. Dies ist nur im unvollkommenen Markt möglich.
Ebenso nur im unvollkommenen Markt kann sich eine **Produzentenrente** ergeben, wenn es Nachfragern gelingt, unterhalb des Gleichgewichtspreises zu kaufen.

Preispolitik

ZENTRALE BEGRIFFE

Die **kurzfristige Preisuntergrenze** liegt an der Stelle, an der die variablen Stückkosten gerade gedeckt werden.
Die **langfristige Preisuntergrenze** liegt an der Stelle, an der die variablen und fixen Stückkosten gerade gedeckt werden.
Die **Preiselastizität der Nachfrage** besagt, wie sich eine Preisänderung auf das Nachfrageverhalten auswirkt. Je höher die Preiselastizität ist, desto stärker reagiert die Nachfrage auf eine Preisänderung.

preiselastische Nachfrage

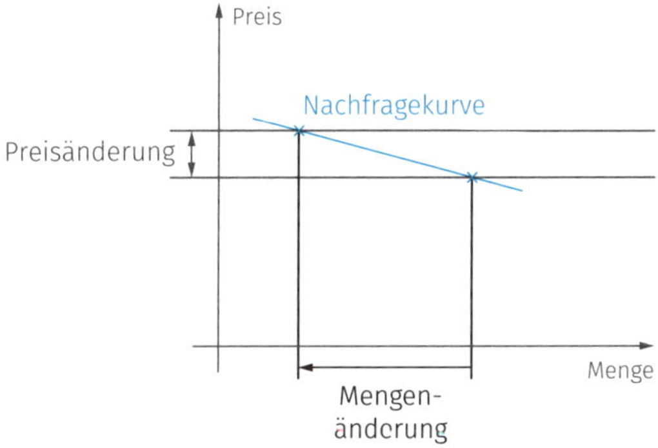

preisunelastische Nachfrage

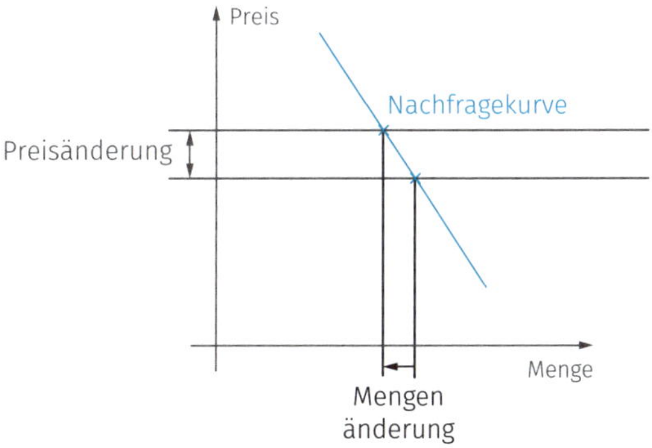

Konzentrationsvorgänge

Motive

ZENTRALE BEGRIFFE

Marktkonzentration ist ein Prozess, der auf dem Markt einer Volkswirtschaft bewirkt, dass sich die Anzahl der Marktteilnehmer, in der Regel der Anbieter, verringert und damit die Marktmacht erhöht.

Vorteile von Konzentrationen

- Forschung und Entwicklung
  - → Kostensenkung
  - → Erhöhung des Forschungspotenzials
- Beschaffung
  - → Preisvorteile durch größere Mengen
  - → stärkere Bindung an Lieferanten
- Produktion
  - → Vorteile durch Normung und Typung
  - → Kostensenkung durch Massenproduktion
  - → Vergrößerung der Kapazität
- Absatz
  - → Nutzen gemeinsamer Vertriebswege
  - → Verringerung des Absatzrisikos
- Finanzierung
  - → Vergrößerung der Eigenkapitalbasis
  - → Verbesserung der Kreditwürdigkeit
  - → Verbesserung der Liquidität
  - → Steuervorteile
- Verwaltung
  - → Kostensenkung

Arten von Unternehmenszusammenschlüssen

Vertikal	Horizontal	Anorganisch
Zusammenschluss von Unternehmen aufeinanderfolgender Produktionsstufen	Zusammenschluss von Unternehmen gleicher Produktionsstufe	Zusammenschluss von Unternehmen gleicher und nachfolgender Produktionsstufen

Kooperation

Rechtlich und wirtschaftlich selbstständige Unternehmen schließen sich zur Erfüllung bestimmter Teilaufgaben vertraglich zusammen.

- Interessensgemeinschaft
  → Unternehmen geben einen Teil ihrer wirtschaftlichen Selbstständigkeit auf, um gemeinsame Aufgaben, z. B. in der Forschung, zu erledigen.
- Untermehmensverband
  → Förderung gemeinsamer wirtschaftlicher Interessen (z. B. IHK)
- Konsortium
  → Durchführung bestimmter gemeinsamer Projekte (z. B. Großbauprojekte)
- Kartell
  → Zusammenschluss mit dem Ziel der Wettbewerbsbeschränkung
  → anmeldepflichtige (z. B. Rabattkartell)
  → genehmigungspflichtige (z. B. Importkartell)
  → verbotene (z. B. Preiskartell)

Konzentration

Mindestens ein beteiligtes Unternehmen verliert seine wirtschaftliche, z. T. ebenfalls die rechtliche Selbstständigkeit.

- Konzern
  → Rechtlich selbstständige Unternehmen begeben sich unter das Dach einer einheitlichen Leitung.
- Fusion (Trust)
  → Unternehmen verschmelzen und verlieren dabei ihre rechtliche und wirtschaftliche Selbstständigkeit.

Marketing

ZENTRALE BEGRIFFE

Marketing meint die marktorientierte Unternehmensführung. Marketing hat die Aufgabe, die absatzpolitischen Instrumente zu optimieren.

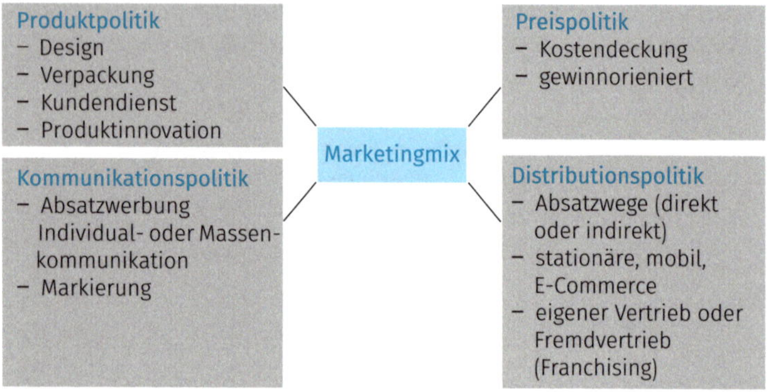

Marketingmix

MARKT UND ABSATZ Checkliste

- → Befassen Sie sich mit den Auslösern für Nachfrage nach einem und Angebot von einem Gut.
- → Lernen Sie die verschiedenen Marktformen, konzentrieren Sie sich dabei auf Angebotsmonopol, Angebotsoligopol und Polypol.
- → Unterscheiden Sie die Preisbildung im Angebotsmonopol und im Polypol. Sie sollen begründen können, warum es Unterschiede gibt und worin die Unterschiede liegen.
- → Klären Sie den Begriff der Preiselastizität der Nachfrage und zeigen Sie, welche Vorteile sich für Anbieter bei geringer Elastizität ergeben.
- → Arbeiten Sie sich durch die Vorteile von Unternehmenskonzentrationen.
- → Prüfen Sie, ob Ihnen die Arten von Unternehmenszusammenschlüssen geläufig sind.
- → Setzen sie sich so mit dem absatzpolitischen Instrumentarium auseinander, dass Sie für ein Produkt eine Marketingmixempfehlung geben können.

INVESTITION UND FINANZIERUNG

Investition

ZENTRALE BEGRIFFE

Investition ist jede kapitalbindende Ausgabe, die ein Unternehmen tätigen muss, bevor ihm Geldmittel zufließen.
Desinvestition ist die Umwandlung längerfristiger Vermögenswerte in Kapitel.

Sachinvestitionen (= Bruttoinvestitionen)	Finanzinvestitionen	Immaterielle Investitionen
z. B. Grundstücke, Gebäude, Fahrzeuge	z. B. Aktien	z. B. Forschung, Entwicklung

Bruttoinvestitionen sind die Summe aus ...	
Nettoinvestitionen	**Ersatzinvestitionen**
Investitionen, die den Kapitalstock des Unternehmens erhöhen	Investitionen zur Erhaltung der betrieblichen Leistungsfähigkeit
Bereits vorhandene Investitionsgüter werden durch zusätzliche ergänzt.	Bereits vorhandene Investitionsgüter werden durch andere ersetzt.

Gründungsinvestitionen	Erweiterungsinvestitionen
Investitionen, die bei der Unternehmensgründung getätigt werden	Investitionen, die den Kapitalstock des Unternehmens ausweiten
Erhaltungsinvestitionen	**Rationalisierungsinvestitionen**
Investitionen, die getätigt werden, um den Kapitalstock des Unternehmens zu erhalten.	Investitionen zur Verbesserung und Modernisierung der Anlagen zur Erhöhung der Wirtschaftlichkeit

Auswirkung von Investitionen

Mögliche betriebswirtschaftliche Auswirkungen
• Umsatzsteigerung • Gewinnsteigerung • Kostensenkung • Kapazitätserweiterung
Mögliche volkswirtschaftliche Auswirkungen
• steigende Zinsen durch vermehrten Kapitalbedarf • Erhöhung des Kapitalstocks • Schaffung und Sicherung von Arbeitsplätzen • ggf. erhöhter Ressourcenverbrauch bei Investitionen in umweltschonende Produktionsverfahren ggf. Verringerung des Ressourcenverbrauchs und Verringerung der Emissionen • Wirtschaftswachstum • Verbesserung der internationalen Konkurrenzfähigkeit

Finanzierung

Außenfinanzierung

Im Rahmen der Außenfinanzierung fließt dem Unternehmen Geld von außen als Eigenfinanzierung (Eigentümer bringen Geld ins Unternehmen) oder Fremdfinanzierung (Geld wird von Betriebsfremden in das Unternehmen gebracht) zu.

Fremdfinanzierungsarten	
Kurzfristig	**Mittel- oder langfristig**
• Handelskredit (Kredit, den ein Lieferant seinem Kunden einräumt) • Kundenkredit (Vorschüsse von Kunden) • Lieferantenkredit (Zahlung erst in der Zukunft)	• Bankdarlehen (mit verschiedenen Laufzeiten möglich)

Fremdfinanzierungsarten	
Kurzfristig	**Mittel- oder langfristig**
Kontokorrentkredit („Konto überziehen")	Obligationsfinanzierung (Ausgabe festverzinslicher Wertpapiere; i.d.R. ist das Kapital festverzinslicher Wertpapiere über mehrere Jahre gebunden; Obligationen werden auch an der Börse gehandelt)
	grundpfandrechtlich gesicherte Rechte (Sicherung langfristiger Kredite z.B. durch eine Immobilie)

Sonderformen der Außenfinanzierung

Factoring

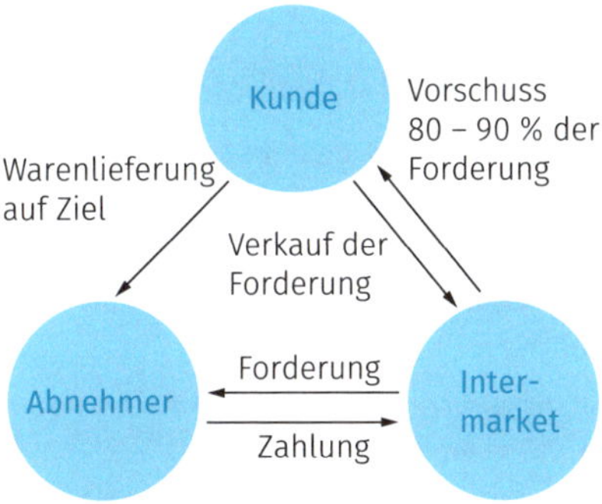

Übersicht zum Factoring

Innenfinanzierung

Im Rahmen der Innenfinanzierung fließt dem Unternehmen Geld aus dem Umsatzprozess zu.

Selbstfinanzierung

Finanzierung aus erwirtschafteten Gewinnen
- einbehaltene Gewinne (Gewinnthesaurierung)
- stille Selbstfinanzierung durch Unterbewertung von Aktiva bzw. Überbewertung von Passiva

Finanzierung aus erwirtschafteten Gewinnen

Wertminderung von Anlagen können steuerlich geltend gemacht werden (Abschreibung).

- Wertminderung wird in die Produktpreise kalkuliert und fließt über den Umsatzprozess in das Unternehmen.
- Geld steht zur Verfügung, bis eine Anlage ersetzt werden muss.

Finanzierung aus Vermögensumschichtung

Veräußerung von Vermögenswerten, die im Unternehmen nicht mehr benötigt werden, um Finanzmittel zu beschaffen.

Finanzierungsgrundsätze

Vertikale Finanzierungregel

- Der Eigenkapitalanteil soll mindestens 50 % des Gesamtkapitals betragen. Das spart Fremdkapitalzins und schafft Unabhängigkeit von Geldgebern.
- Fremdkapital ist aber dann lohnend, wenn die erzielte Rendite höher ist als der Fremdkapitalzins (Leverage-Effekt).

Horizontale Finanzierungregel

- Goldene Finanzierungsregel: Fristenkongruenz zwischen Kapitalbeschaffung und Kapitalverwendung
- Goldene Bilanzregel: Langfristig gebundenes Kapital soll durch langfristiges Fremdkapital finanziert werden.

INVESTITIONEN UND FINANZIERUNG — Checkliste

→ Stellen Sie fest, ob Sie die einzelnen Investitionsbegriffe voneinander abgrenzen können.

→ Beschäftigen Sie sich mit den Auswirkungen von Investitionen. Unterscheiden Sie dabei betriebswirtschaftliche und volkswirtschaftliche Konsequenzen.

→ Unterscheiden Sie die Begriffe Innen- und Außenfinanzierung.

→ Machen Sie sich mit den einzelnen Finanzierungsarten vertraut, damit Sie diese vergleichend beschreiben und beurteilen können.

→ Lernen Sie die Finanzierungsregeln.

STICHWORTVERZEICHNIS

A

B

D

E

J

K

L

M

N

O

Bildnachweis:
iStockphoto.com, Calgary: Nicada Titel |Picture-Alliance GmbH, Frankfurt/M.: dpa-infografik 40, 42, 43, 44, 50, 51, 54, 55, 64, 65, 91, 95, 97, 99, 112.

Wir arbeiten sehr sorgfältig daran, für alle verwendeten Abbildungen die Rechteinhaberinnen und Rechteinhaber zu ermitteln. Sollte uns dies im Einzelfall nicht vollständig gelungen sein, werden berechtigte Ansprüche selbstverständlich im Rahmen der üblichen Vereinbarungen abgegolten.